엔터프라이즈
노 코드 프로그램
개발 실습 1

기본편

엔터프라이즈 노 코드 프로그램 개발 실습 1. 기본편

발행일   2022년 12월 2일

지은이   남궁민, 이도열
펴낸이   손형국
펴낸곳   (주)북랩
편집인   선일영   편집   정두철, 배진용, 김현아, 류휘석, 김가람
디자인   이현수, 김민하, 김영주, 안유경   제작   박기성, 황동현, 구성우, 권태련
마케팅   김회란, 박진관
출판등록   2004. 12. 1(제2012-000051호)
주소   서울특별시 금천구 가산디지털 1로 168, 우림라이온스밸리 B동 B113~114호, C동 B101호
홈페이지   www.book.co.kr
전화번호   (02)2026-5777   팩스   (02)3159-9637

ISBN   979-11-6836-608-4 03000 (종이책)   979-11-6836-609-1 05000 (전자책)

(주)북랩 성공출판의 파트너
북랩 홈페이지와 패밀리 사이트에서 다양한 출판 솔루션을 만나 보세요!
홈페이지 book.co.kr • **블로그** blog.naver.com/essaybook • **출판문의** book@book.co.kr

작가 연락처 문의 ▸ ask.book.co.kr
작가 연락처는 개인정보이므로 북랩에서 알려드릴 수 없습니다.

WEM 노 코드 플랫폼을 활용한 어플리케이션 개발 실습

엔터프라이즈 노 코드 프로그램 개발 실습 1 기본편

남궁민 · 이도열 공저

북랩

들어가며

이 교재는 노 코드 프로그램을 처음부터 배우거나 지식의 폭을 넓히고자 하는 개발자 또는 비개발자 등 모든 사람을 위해 제작되었습니다.

이 책을 통하여 엔터프라이즈 노 코드 플랫폼의 프로그램 개발을 경험할 수 있습니다. 코딩 프로그램 대신 UI Node의 Drag in Drop 방식으로 프로그램을 개발함으로써 노 코드 프로그램 개발의 개념에 대한 실용적인 직관을 제공합니다.

노 코드 프로그램 개발에 대한 자세한 주석과 다양한 실용적 예제가 있으며, 구체적인 실습 예제를 개발하기 위해 알아야 할 모든 것에 대해 간단하고 명료하며 수준 높은 설명도 수준에 맞게 초급 중급의 단계별 과정으로 포함되어 있습니다.

실습 예제를 통한 노 코드 프로그램 개발은 노 코드 프로그램의 하나인 WEM 노 코드 프로그램을 통하여 학습합니다. WEM은 빠르게 성장하고 있는 엔터프라이즈 노 코드 프로그램 플랫폼 중에 하나이며, 진정한 노 코드(No Code)프로그램에 가까워 코딩 프로그램 개발에 어려움을 느끼는 모든 사람이 프로그램 개발을 시작하기 좋은 도구입니다.

이 책을 통하여 노 코드 프로그램을 이해하고, 예제 프로그램을 실습하고 나면 노 코드 프로그램이 무엇인지 그리고 왜 필요한지에 대한 개념을 이해할 수 있습니다. 웹 개발에 필요한 프론트 엔드와 백 엔드 개발의 구분을 두지 않고 프로세스 로직에 근거한 노 코드 프로그램 개발을 통해 직관적인 개발과 개발 결과를 실시간으로 확인하는 데 익숙해지도록 배울 것입니다. 이처럼 WEM 노 코드 프로그램 플랫폼을 사용하여 개발을 하면 획기적인 개발 생산성을 경험할 수 있을 것입니다.

(1) 대상 독자

이 책은 노 코드 프로그램을 시작하려는 모든 사람들(개발자 및 비개발자)을 위한 책입니다.

- 코딩 개발과 업무분석설계의 경험을 가진 개발자라면 쉽고 빠르게 엔터프라이즈 레벨의 노 코드 프로그램 플랫폼을 확실하게, 실용적으로 접할 수 있습니다.
- 업무 프로세스와 데이터베이스의 구조를 이해하는 전문가라면 가장 좋은 노 코드 프로그램 단기 특강이 될 것입니다.
- IT 관련 지식과 이론적 배경을 갖춘 학생이나 비개발자라면 실용적인 측면을 배우고, 예제 개발 실습을 통하여 프로세스 개발의 직관을 키울 수 있을 것입니다.

코딩을 하지 않더라도 기술에 대해 이해하고 있는 사람이라면 노 코드 프로그램에 대한 기초와 고급 개념을 배우는 데 도움이 될 것입니다.
필수는 아니지만, 노 코드 프로그램을 사용할 때 HTML, CSS 및 JavaScript의 기초 문법과 데이터베이스 기초 이론을 이해하고 있으면 도움이 됩니다. 그러나 상기 경험이 없어도 괜찮으며, 필요한 기초는 이 책에서 모두 다룹니다.

(2) 책의 구성

이 교재는 총 2권으로 구성되어 있습니다(1: 기본편, 2: 중급편). 노 코드 프로그램에 대한 경험이 없다면 1권 기본편부터 시작하세요. 기초 과정을 통하여 노 코드 프로그램 용어 및 기능을 배우고 간단한 예제를 실습하게 되며, 중급부터 고급 기능과 난이도 있는 예제를 통하여 노 코드 프로그램의 개발 경험을 하게 됩니다.

기본편에서는 노 코드 프로그램을 개괄적으로 소개합니다. 노 코드 프로그램에 대한 배경과 정의 및 노 코드 프로그램을 시작하는 데 필요한 모든 개념을 설명합니다.

- Ⅰ장에서는 노 코드 프로그램에 관한 핵심 사항과 배경지식을 소개합니다.
- Ⅱ장에서는 WEM 노 코드 플랫폼을 배우기 위한 기초 개념을 소개합니다. 개발을 시작하기 위한 계정 및 프로젝트 만들기, 플로우 차트 및 구성요소에 대한 이해를 하게 됩니다. UI Interaction 노드에서의 화면 그리기 실습을 진행합니다.
- Ⅲ장에서는 UI 화면의 이해, 메뉴아이템 정의, 온톨로지 개요 및 활용을 이해하고 실습 예제가 시작됩니다(예제: 고객 관리).
- Ⅳ장에서는 주요 제공 기본 함수와 임시 테이블 활용, 기본 위젯(Widget)에 대해 이해하고 예제를 통하여 개발을 구현하는 실습을 하게 됩니다(예제: 과일 판매 관리).

중급편에서는 WEM 노 코드 프로그램에 대한 기능 내용을 상세하게 다룹니다. 여기에서 소개하는 많은 예제는 실제 개발에서 사용하는 템플릿으로 적용할 수 있습니다.

- Ⅰ장에서는 기초 과정에서 배운 WEM의 기능들을 활용하여 웹 샵(Web Shop)을 개발하는 예제를 연습합니다.
- Ⅱ장에서는 Widget 기능을 활용하여 Slick Slide와 기본 대시보드 구현을 개발하는 예제를 연습합니다.

- Ⅲ장에서는 WEM이 제공하는 주요 함수를 활용하고 기존의 탭 구현을 응용하여 인사기록카드를 개발하는 예제를 연습합니다.
- Ⅳ장에서는 WEM 인티그레이션(Integration)을 이해하고, API를 통하여 외부 데이터를 연계하여 크롤링(Crawling)하는 예제를 연습합니다(예제: 네이버뉴스 크롤링).
- Ⅴ장에서는 이 책을 통해 배운 것을 다시 리뷰합니다. 또한, 향후 Widget 및 Integration의 심화 내용에 대한 언급을 통하여 고급편 출간을 위한 가능성을 탐색합니다.

향후 출간 준비 중인 고급편의 내용으로는 깊이 있는 데이터 설계의 이해와 다양한 기능과 기술을 응용한 심화 과정의 예제 실습을 통하여 노 코드 프로그램 개발에 대한 자신감과 중급 이상의 개발 능력을 가지게 될 것입니다(예제: 재고 및 주문 관리 업무 시스템 개발, API 연계 개발 등).

(3) 소프트웨어 및 하드웨어 요구사항

이 책의 예제 실습을 위한 개발 환경은 WEM 플랫폼(www.wem.io)입니다. WEM 개발 플랫폼은 온라인 인터넷상(Public Cloud)에서 진행되며, 반드시 계정을 만들어야 개발이 가능합니다. 따라서 개인용 PC나 노트북이 준비되어 있어야 합니다. 필수는 아니지만 가급적 최신의 CPU 및 GPU가 탑재된, 성능이 좋은 PC 혹은 노트북을 권장합니다.

⑷ 감사의 말씀

『엔터프라이즈 노 코드 프로그램 개발 실습 1. 기본편』이 세상에 나오기까지 도움을 주신 모든 분들께 감사의 인사를 드리고자 합니다.

항상 WEM APAC 이동진 부사장님과 ㈜디지포머싸스랩 이영수 대표님의 진심 어린 응원과 격려가 이 책의 출간을 위한 큰 힘이 되었습니다.

책의 내용을 풍성하게 만들기 위한 자료 수집에 도움을 준 이예진 사원을 포함하여, ㈜제이탑미래기술 직원분들께 감사의 마음을 전합니다. 또한, 한남대 컴퓨터공학과 장효경 교수님, 숭실대 AI SW 융합학과 최형광 교수님의 자문에 감사드립니다.

특히, 이번 책 발간을 위하여 물심양면 지원해주신 ㈜아이엔소프트 황광익 대표님께도 깊은 감사를 전합니다.

마지막으로, 항상 곁에서 응원해준 가족과, 무한한 지지와 사랑과 신뢰를 보내준 아내에게 감사드리며, 하나님께 감사드립니다.

2022년 12월

저자 올림

소프트웨어 개발 혁신

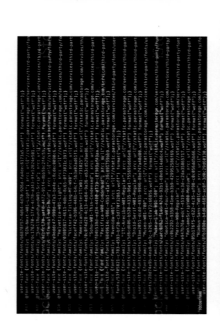

과거

전통적인 컴퓨터 언어는 프로그래머가 사고 과정을
CPU와 메모리용으로 구축된 코드로 변환해야 합니다.

현재

우리 인간이 생각하는 방식에 최적화되어
있습니다. 자연스러운 사고 과정을 작동하는
소프트웨어로 변환합니다.

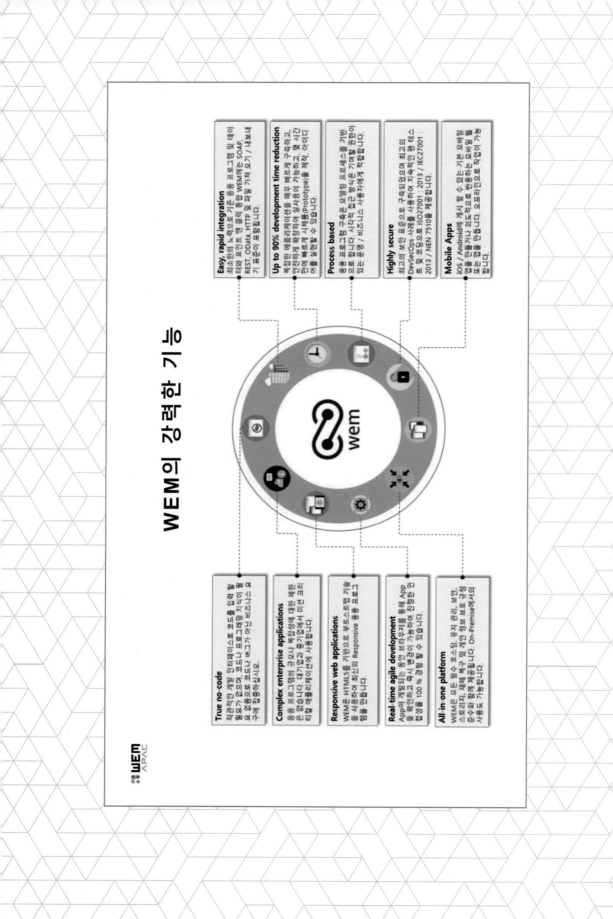

Ⅱ

WEM 노 코드 개발 플랫폼 소개

Ⅲ

노 코드 응용 프로그램 구현

Ⅳ

복잡한 화면 및 자료 처리 구현

I

개요

01
노 코드(No code) 개발 플랫폼이란

여기서는 노 코드 프로그램이 무엇인지, 그리고 노 코드 프로그램 플랫폼을 통한 개발의 의미가 무엇인지 이해하고 노 코드 개발 플랫폼을 활용한 개발 실습에 앞서 노 코드 프로그램 개발 플랫폼에 대하여 전반적인 이해를 돕고자 합니다.

(1) 디지털 전환(Digital Transformation)의 시대

디지털 전환이란 IT 기술의 지능화 및 고도화에 따른 고객 요구사항의 다양화와 같은 비즈니스 환경 변화에 능동적으로 대처하기 위하여 새로운 기술을 접목하고, 고객 경험을 극대화하기 위하여 비즈니스 프로세스를 개선하거나 새롭게 창출하는 것을 말합니다. 디지털 전환의 시대에는 혁신적인 비즈니스 모델이 출현하여 산업 내 경쟁뿐만 아니라 산업 간의 융합에 따른 경쟁이 심화되고 있으며 AI, Big Data 등과 같은 기술을 활용한 의사결정을 통하여 불확실성에 민첩하게 대응하기 위한 수단으로 활용하게 됩니다. 이러한 상황에서 기업들은 디지털 역량 강화의 필요성을 절감하고 디지털 전환을 준비하고 있습니다. 이처럼 기업의 SW 개발에 대한 수요가 폭발적으로 증가하게 되면서, 기존 IT 개발자의 수요적 측면이나 개발 방식에 대한 생산성 측면에서 현실적 문제에 직면하게 됩니다.

(2) 비즈니스 프로세스 중심의 노 코드 개발 플랫폼

노 코드 개발 플랫폼에 대해 위키피디아에서 소개한 내용을 정리해보면 다음과 같습니다.

"개발자와 비개발자는 기존의 컴퓨터 프로그래밍 대신 그래픽 사용자 인터페이스(GUI)와 구성을 통해 어플리케이션 소프트웨어를 개발할 수 있다."

로우 코드 개발 플랫폼 또한 어플리케이션 개발 프로세스를 더 신속히 처리하도록 설계되었기 때문에 노 코드 개발 플랫폼과 밀접한 관련이 있습니다.

증가하는 모바일 노동자 및 유능한 소프트웨어 개발자의 제한된 공급 때문에 해당 플랫폼은 기업에서 인기가 높아졌습니다. 또 이는 기능 구현, 통합 및 니치(niche) 시장에서 매우 다양하게 존재합니다. 일부 어플리케이션은 데이터 캡처 또는 워크플로우와 같은 특정 비즈니스 기능에만 초점을 맞출 수 있으며, 다른 어플리케이션은 전체 엔터프라이즈 리소스 계획 도구를 모바일 폼 요소로 통합하려고 할 수도 있습니다.

구분	종류
특정 비즈니스 기능에 초점	AI, 워크플로우, 커넥터 등
어플리케이션 개발에 초점	Products Builder, 엔터프라이즈 개발플랫폼 등

노 코드 개발 플랫폼의 종류

노 코드 개발 플랫폼은 컴퓨터 학문 분야에서 비쥬얼 프로그래밍 언어(Visual Programming Language)로 알려져 있습니다. 해당 플랫폼은 클라우드 기반 모바일 어플리케이션을 통해 프로세스를 디지털화하려는 기업의 요구를 충족하기 위해 사용됩니다. 노 코드 툴은 기존 IT와는 달리 ERP, CRM, MES와 같은 기업용 비즈니스 어플리케이션 LOB(Line of Business) 사용자를 염두에 두고 설계되는 경우가 많습니다.

비즈니스에서 노 코드의 개발은 코딩 개발에 비해 많은 이점을 제공합니다.

첫째, 비즈니스에 대한 이해가 향상됩니다. 노 코드 개발을 통하여 비즈니스 프로세스의 파악이 가능하며, 고객 및 업무 요구사항 충족을 위한 효과적 개발이 가능합니다. 따라서 업무 기능이 개선되고 사용자 경험이 향상됩니다.

둘째, 비즈니스 프로세스의 자동화입니다. 일반적인 코딩에 비하여 노 코드 개발은 더 빠른 개발과 향상된 생산성을 통하여 가시성을 개선하고 프로세스 자체를 연속적으로 추적할 수 있습니다.

셋째, 어플리케이션 개발의 가속화입니다. 노 코드 플랫폼은 새로운 어플리케이션을 제작할 때 소요되는 시간을 획기적으로 줄여 생산성을 증대하고 긴급한 요구에 더욱 민첩하게 대응할 수 있습니다. 즉, 개발팀 개발 작업의 병목을 기다리는 대신 자체 어플리케이션을 통해 셀프서비스로 처리할 수 있습니다.

넷째, 더 적은 리소스로 더 많은 작업을 수행하고, 변경 절차가 간소화됩니다. 전문 개발자는 가치가 높은 작업에 기술과 시간을 집중하고 노 코드 개발자는 좀 더 생산성이 요구되는 개발에 참여하여 효율적인 개발 구축이 가능합니다. 또한, 노 코드 개발 환경에서는 사용자가 직관적으로 통제하여 새로운 로직을 쉽게 구현할 수 있는 단순성을 제공합니다.

다섯째, 엔터프라이즈의 연결성 및 사용자 경험의 현대화 제공입니다. 기업의 모든 사용자가 개발할 수 있도록 지원하여 다른 부서와 다양한 수준으로 연결할 수 있습니다. 또한, 효과적인 노 코드 플랫폼은 최종 사용자에게 탁월한 경험을 제공하도록 설계된 최신 프레임워크를 통합하여 특정 요구사항을 충족하는 데 집중하여 사용자가 현대적인 경험을 누릴 수 있습니다.

마지막으로, 어플리케이션 확장과 탁월한 비용 절감입니다. 기업의 성장과 경쟁력 확보를 위하여 어플리케이션에 대한 요구가 커지고 있으며, 이러한 비즈니스 요구를 노 코드 플랫폼이 제공합니다. 또한 생산성 증대, 효율성 향상 및 개발팀 인력 축소를 통하여 기존 개발보다 더 적은 비용으로 더 나은 어플리케이션을 보다 빠르게 제공할 수 있도록 지원합니다.

(3) 디지털 인재 양성과 노 코드 플랫폼

디지털 전환을 촉진하는 가장 큰 요인은 바로 제4차 산업혁명이라고 불리는 AI, 빅데이터, 클라우드 등의 SW 신기술 등장과 이들 간의 융합으로 인한 빅 블러 (Big Blur) 현상일 것입니다. 즉, 기존 산업 간 또는 온·오프라인 간의 경계가 무너지고 모호해지면서 새로운 형태의 비즈니스가 출현하고 기업 간 경쟁은 심화되어 경쟁 우위를 위한 디지털 전환이 가속화되어 기업의 신속한 대응이 무엇보다 중요해진 것입니다. 또한, 코로나19 팬데믹 사태로 인한 글로벌 경제 위기가 고조된 가운데 온라인 상거래와 같은 온라인 비즈니스의 확대, 스마트워크와 같은 온라인 협업 서비스가 새로운 비즈니스 기회로 다가왔습니다.
이와 같이 급변하고 있는 상황에서 과거와는 다른 새로운 시각과 차원에서 단순 지식을 습득하는 능력보다 디지털 기반의 컴퓨팅 사고력과 융합적 문제해결 능력 및 창의력이 요구되고 있습니다. 이러한 시점에 노 코드 플랫폼은 그러한 디지털 인재 양성에 필요한 능력을 배양하는 대안적 역할을 담당할 수 있습니다. 특히 앞에서 언급한 바와 같이 노 코드 개발 플랫폼은 개발자 및 비개발자 모두가 쉽게 접근하여 교육을 받고 개발 가능한 형태로, 디지털 전환의 시대에 디지털 인재 양성의 첨병 역할을 할 것입니다.

사용자	특징
일반 사용자 (비개발자)	- 어플리케이션을 빌드할 간단하고 직관적인 환경 제공 - 가이드 템플릿과 사전 구축된 자산을 사용하여 필요한 어플리케이션 개발 가능
IT 운영자	- 초기 개발 시점부터 운영 부서 참여 가능 - 개발 상태를 확인하고 개발 프로세스의 기준 사항을 시행할 수 있도록 지원 - 개발된 서비스 배포 관리 및 운영 영향도 쉽게 파악하도록 가시성 제공
전문 개발자	- 일반 사용자와 보조를 맞추어 가치가 높은 구성요소로 개발하는 데 좀 더 많은 시간을 할당하여 효율성 제고

노 코드 개발 플랫폼 사용자 그룹 및 특성

02
소프트웨어 개발의 혁신

프로그램 언어란 '컴퓨터와 사람이 의사소통하기 위한 도구'입니다. 어플리케이션 개발은 이러한 도구를 사용하여 이루어지며, 소프트웨어 개발의 혁신은 적은 시간과 적은 개발팀 인력으로 개발이 가능하도록 생산성이 강조된 방향으로 발전해 왔습니다. 소프트웨어 개발의 혁신의 과정을 통하여 노 코드 플랫폼 등장까지의 과정을 살펴보도록 하겠습니다.

(1) 소프트웨어 개발의 진화

사람들이 코딩한 것을 컴퓨터에게 이해시키기 위한 기계어로부터, 개발자가 코딩하는 대신 로직을 작성하고 시스템이 백그라운드에서 코드를 생성하게 하는 로우 코드 및 노 코드 상용 제품들까지 등장하고 있습니다.
이는 코드 작성에서부터 코드를 자동으로 생성하는 시스템으로, 현재의 IT 산업에서 패러다임을 전환하고 있습니다. 다음 그림은 소프트웨어 개발 기술 혁신에 대한 요점입니다.

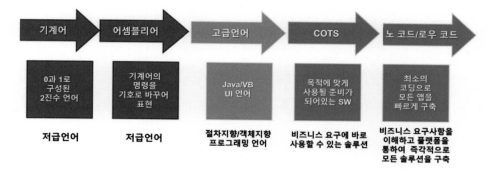

소프트웨어 개발의 진화

⑵ 소프트웨어 개발 혁신의 단계

소프트웨어 개발 혁신의 단계별 주요 내용은 아래와 같습니다.

- 기계어: 0과1로 구성된 2진수를 통한 자동화 언어
- 어셈블리어: 2진수 대신 기호를 사용하여 기계와의 대화를 보다 용이하게 한 언어
- 고급 언어(High Level Language): 프로그램 요구사항이 증가하면서 이에 따른 문제들을 해결하는 데 용이하도록 만들어진 언어들이며, C, Cobol과 같은 절차지향 프로그래밍 언어가 있고 최근에는 Java, C++ 및 Python과 같은 객체지향 언어들이 각광을 받고 있음
- COTS: COTS(Commercial, off-the-shelf system)는 시장에서 비즈니스 요구에 맞는, 완성된 제품을 바로 사용할 수 있는 상용 소프트웨어를 의미하며 워드프로세서나 코딩에 필요한 통합 개발 환경 프로그램 등이 이에 해당함
- 노 코드 및 로우 코드: 최소한의 코딩 또는 코딩 지식 없이 특정 업무를 이해하고 개발 프로세스를 간소화하는 데 도움을 주는 개발 플랫폼으로서, 비즈니스 요구사항에 맞춰 신속하게 전환할 수 있도록 지원하는 민첩한 어플리케이션 개발 환경을 제공하며 RAD(Rapid Application Development)이라고 함

소프트웨어 개발 방법론

소프트웨어 개발 라이프 사이클(Software Development Life Cycle, SDLC)이라고도 일컬어지는 소프트웨어 개발 방법론은 성공적인 프로젝트를 안내하는 규칙들 혹은 원리들의 집합입니다. 어떤 방법론을 선택하느냐는 프로젝트 요구사항 과 일정에 달려 있으며, 개발 공정은 선택된 개발 방법론에 의해 명확히 구분 되는 단계들로 나누어집니다. 이런 방법론들은 프로젝트 요구사항에 따라 반 복적인 접근법을 활용하거나, 한 번에 완료하는 방식을 따를 수도 있습니다.

(1) 폭포수 모델(Waterfall Model)

폭포수 모델은 가장 기초적이고 전통적인 소프트웨어 개발 방법론으로 여겨지 고 있습니다. 폭포수 모델은 개발 시 순차적으로 수행되며, 각 단계별로 특정 작업에 초점을 맞춘 단계(타당성 검토 → 계획 → 요구사항 분석 → 설계 → 구현 → 테스 트 → 유지보수)로 구성됩니다. 각 단계는 반드시 다음 단계가 시작하기 전에 완 료되어야 합니다. 일단 단계가 완료되면 되돌아가 수정할 수 없습니다.

(2) 애자일(Agile)

애자일 방법론은 절차보다는 사람이 중심이 되어 신속하고 유연하게 변화에 적응하면서 효율적으로 시스템을 개발할 수 있는 협업과 제품의 빠른 인도를 강조하는 개발 방법론입니다. 개발 기간이 짧고 신속하며, 폭포수 모형에 대비되는 방법론으로서 개발과 함께 즉시 피드백을 받아 유동적으로 개발할 수 있습니다. 이 개발 방법론은 반복적인 접근법을 따르므로, 소프트웨어는 반복적인 형태로 출시됩니다. 이러한 반복적 접근법은 결함을 일찍 발견하고 고치게 하는데 이로써 개발 과정의 효율성을 개선시킵니다. 기능 중심 접근법 중에서 소프트웨어의 개발은, 한 기능에서 다른 기능으로 넘어갈 때마다 반복적으로 1~3주의 기능 개발 주기를 가지며, 이를 통하여 의사소통 개선과 즉각적인 반영으로 SW 품질을 향상시킵니다.

기능 중심 개발은 다음 5단계를 거쳐 완료됩니다.

- 모델 소프트웨어 개발
- 각 중요 기능의 목록 작성
- 기능의 우선순위에 따른 개발 일정 계획
- 기능별 설계
- 기능별 구축

모든 기능의 개발과 납품에 소요되는 최대 시간은 1~3주입니다. 만약 어떤 기능의 개발이 2주를 넘긴다면 그 기능을 두 부분으로 나누어 1~3주 내 납품될 수 있게 해야 합니다.

(3) 스크럼(Scrum)

스크럼은 애자일 개발 방법론을 이행하기 위한 또 다른 방식입니다. 팀에서 개발자들, 테스터들이 제품을 납품하기 위해 협력 작업을 할 수 있도록 지원하는 프레임워크입니다. 소프트웨어 개발은 팀 전체가 시작 단계에서 성과물들을 더 작은 파라미터로 나누고 규정된 시간 내에 전속력으로 작업하는 반복적 접근법을 따릅니다. 즉, 팀이 경험을 통해 배우고 문제를 해결하면서 스스로 구성하고 지속적으로 개선하도록 유도합니다.

(4) 린(LEAN)

린은 도요타 자동차의 린 시스템 품질 기법을 소프트웨어 개발 프로세스에 적용한 방법론의 절차입니다. 린의 기초적인 절차 접근법은 솔루션을 최적화하고 낭비 요소를 제거하여 품질을 향상시키는 것으로, 후반 작업에 전념하고 가능한 한 빠른 시기에 제품을 납품하여 비즈니스 요구사항들에 대한 문제를 해결하게 합니다. 린 방법론의 7가지 원칙은 낭비 제거, 품질 내재화, 지식 창출, 늦은 확정, 빠른 인도, 사람 존중 및 전체 최적화입니다.

(5) 칸반(KANBAN)

칸반(KANBAN) 방식은 지식 작업을 위한 플로우 시스템을 설계, 관리 및 개선하는 방식입니다. 이 방식은 애자일 및 DevOps 소프트웨어 개발 구현에 많이 사용되는 프레임워크이며, 작업 수용량에 대한 실시간 커뮤니케이션 작업의 완전한 투명성이 요구됩니다. 조직들은 작업의 흐름을 시각화하고 진행 중인

일을 제한하며 새로 시작하는 것을 멈추고 끝맺게 함으로써 팀원은 언제든지 작업 상태를 확인할 수 있습니다.

04
로우 코드, 노 코드 및 RAD 조건

로우 코드 및 노 코드 플랫폼을 설명하는 주요 포인트는 다음과 같습니다.

- 좋은 UI 기반 솔루션 모델러(Modeler)를 보유
- 개발자가 솔루션을 구축하는 데 요구되는 것을 Drag & Drop할 수 있기에 좋은 저장소 구조 보유
- 빠른 집적화 가능
- 빠른 리포트 및 대시보드 구축 가능
- 배포 및 앱 보안의 수월한 처리
- 쉬운 모바일 앱 개발
- 쉬운 채널 설정
- 보장된 품질, 스케일링 및 성능
- 우수한 제품 문서화 이용 가능
- 기술 기반 구축을 위한 좋은 교육 이용 가능
- 플랫폼 계약 서비스
- 피드백 채널 이용 가능

로우 코드, 노 코드를 이용한 RAD(Rapid Application Development) 방법론 또는 소프트웨어 개발은 아래와 같은 경우 용이합니다.

- 기존 대비 최소 ⅓ 이하의 소요시간으로 구축해야 할 경우
- 프로그래밍 언어를 이해하는 데 더 적은 시간을 소비할 경우
- 설계와 고객 문제 해결에 더 많은 시간을 투자할 수 있을 경우
- 코딩이 가능한 곳이면 어디든 드래그 앤 드랍 형식으로 코드를 짜고 구성하고 알고리즘을 작성할 수 있을 경우
- 기초 단계 코딩에서부터 시작하지 않아도 될 경우
- 대부분 설계, 성능 및 보안 요구사항을 이미 충족할 경우
- 충분히 검증되었고 성공 사례가 입증되었을 경우

05
객체 지향 프로그래밍의 개념

자바(JAVA)는 객체 개념을 중심으로 만들어진, 클래스 기반 객체 지향 프로그래밍 언어 중 하나입니다. 객체 지향 프로그래밍(Objective Oriented Programming, OOP)이란 컴퓨터 프로그램을 명령어의 목록으로 보는 시각에서 벗어나 여러 개의 독립된 단위, 즉 '객체'들의 모임으로 파악하고자 하는 것입니다. 각각의 객체는 메시지를 주고받고, 데이터를 처리할 수 있습니다. 객체 지향 프로그래밍으로 만든 프로그램은 유연하고 변경이 쉽기 때문에 대규모 소프트웨어 개발에 많이 사용됩니다. 또한 프로그래밍을 더 배우기 쉽게 하고, 소프트웨어 개발과 보수를 간편하게 하며, 보다 직관적인 코드 분석을 가능하게 한다는 장점이 있습니다.

객체 지향 프로그래밍의 주 원리는 다음과 같습니다.

- 추상화(Abstraction)
- 캡슐화(Encapsulation)
- 다형성(Polymorphism)
- 상속(Inherit)

(1) 추상화(Abstraction)

추상화는 사용자로부터 복잡성을 숨기고 유의미한 정보만 보여주는 것을 지향합니다. 예를 들어서 만약 차를 운전한다면, 당신은 차의 내부 작동에 대해서 자세히 알 필요가 없습니다. 자바 클래스도 마찬가지입니다. 추상 클래스나 인터페이스를 이용하여 세부적인 내부 실행들을 숨길 수 있습니다. 추상화 단계에서 메소드 시그니처(이름, 파라미터 및 목록)을 정의하고 각 클래스들이 기능을 수행하도록 만들기만 하면 됩니다.
자바(Java)언어의 추상화 특성은 다음과 같습니다.

- 데이터의 근본적인 복잡성을 숨김
- 반복적인 코드를 방지
- 내부 기능의 특징만을 보여줌
- 추상적인 행동의 수행을 변경하기 위한 유연성을 프로그래머에게 제공
- 추상 클래스들을 통하여 부분 추상화할 수 있고, 인터페이스를 통하여 완전 추상화도 가능

(2) 캡슐화(Encapsulation)

캡슐화는 시스템 접근으로부터 클래스에 저장된 데이터를 보호할 수 있게 합니다. 이름에서 알 수 있듯이 실제 캡슐처럼 속성과 기능을 한곳에 묶고 거기에 추상화시키는 개념을 추가시키며 클래스의 내부 내용물들을 보호합니다. 자바에서 필드(클래스 변수)들을 private으로 유지하고 public getter and setter 메소드를 각 변수에 제공함으로써 캡슐화를 시행할 수 있습니다.
자바(Java)언어의 캡슐화 특성은 다음과 같습니다.

- 클래스의 데이터 멤버들(필드)에 대한 직접적인 접근을 제한
- 필드는 private으로 설정
- 필드는 getter and setter 메소드를 가짐
- Getter 메소드가 필드를 반환
- Setter 메소드로 필드 값을 변경

(3) 다형성(Polymorphism)

다형성은 다른 방식들로 특정 활동을 수행하는 능력을 말합니다. 자바에서 다형성은 메소드 오버로딩 및 메소드 오버라이딩의 2가지 유형을 가질 수 있습니다. 오버로딩은 같은 이름의 메소드가 인자의 개수나 자료형에 따라서 다른 기능을 하는 것을 말하며, 오버라이딩은 같은 이름의 메소드가 여러 클래스에서 다른 기능을 하는 것을 말합니다. 예를 들어 '자동차'라는 상위 클래스 안에 '스포츠카'와 '전기차'가 있다고 하면, 둘 다 에너지를 넣을 수는 있지만 전기차는 '전기'를 충전해야 하고 스포츠카는 '오일(Oil)'을 넣어야 하는데 이러한 것을 '다형성'이라 표현합니다.

자바(Java)언어의 다형성 특성은 다음과 같습니다.

- 같은 메소드 이름이 여러 번 사용
- 같은 이름의 다른 메소드들은 객체로부터 불려짐
- 모든 자바 객체들은 다형(최소한으로 객체들은 객체 자신의 타입 및 오브젝트 클래스의 인스턴스이다)으로 여겨짐
- 자바에서 정적 다형성의 예시는 메소드 오버로딩이고 동적 다형성의 예시는 메소드 오버라이딩

⑷ 상속(Inherit)

상속은 부모 클래스의 필드와 메소드를 계승하는 자식 클래스를 만들 수 있게 합니다. 자식 클래스는 부모 클래스의 값과 메소드를 오버라이드할 수 있지만 반드시 필요한 것은 아닙니다. 또한 부모 클래스에 새로운 데이터와 기능을 추가할 수 있습니다. 부모 클래스는 슈퍼 클래스 혹은 베이스 클래스라고도 불립니다. 반면에 자식 클래스는 서브 클래스 또는 파생 클래스라고도 알려져 있습니다. 자바는 코드 안에서 상속 원리를 시행하기 위한 확장 키워드를 사용합니다. '자동차'라는 클래스 안에 '스포츠카'라는 클래스가 있다고 가정하면, 스포츠카 클래스는 자동차가 가진 속성과 기능을 모두 가져올 수 있습니다.
자바(Java)언어의 상속 특성은 다음과 같습니다.

- 한 클래스(자식 클래스)는 또 다른 클래스(부모 클래스)의 특징을 상속함으로 확장
- 반복 금지 프로그래밍 원칙을 수행
- 코드 재활용성을 향상
- 자바에서는 다계층 상속이 허용됨(자식 클래스도 자기 자신의 자식 클래스를 가질 수 있음)
- 자바에서는 다중 상속이 허용되지 않음(한 클래스는 하나보다 더 많이 확장될 수 없음)

WEM 노 코드
개발 플랫폼 소개

01
WEM의 필요성

디지털 전환의 시대에 진입하면서 프로그래밍 지식이 없이도 노 코드 플랫폼으로 쉽게 어플리케이션 개발이 가능하게 되었습니다. 글로벌 노 코드, 로우 코드 개발 플랫폼 시장 규모는 연평균 28.1% 성장률을 보이고 있습니다. 2022년 132억 달러 규모에서 2025년 455억 달러 규모로 성장할 것이 예상됩니다. 이를 통하여 소프트웨어 개발이 보편화되고, 이러한 트렌드의 변화는 새로운 비즈니스 기회를 창출할 것입니다. 이러한 시대적 상황에 WEM은 선도적인 Enterprise No Code 어플리케이션 플랫폼을 제공하여 프론트 엔드 및 백 엔드, 웹 및 모바일 어플리케이션을 동일한 플랫폼에서 개발할 수 있도록 합니다.

(1) WEM의 지향점

WEM의 지향점은 다음과 같습니다.
첫째, 비즈니스 민첩성과 속도 향상입니다. WEM을 사용하여 전체 스택 어플리케이션을 직관적으로 설계 및 구축하고 앱 개발 프로세스를 진행하는 동안 실시간으로 각 단계를 시각화할 수 있습니다. 이는 현재 및 미래의 비즈니스 요구사항을 충족하기 위한 지속적인 개선과 민첩한 개발을 가능하게 합니다.

둘째, 보안입니다. WEM은 Enterprise급 보안으로 여러 계층의 보호를 통해 아키텍처에 구축됩니다. 사용 가능한 보안 기능 OOTB(Out-of-Box)는 응용 프로그램에 통합되어 높은 수준의 보안을 유지할 수 있습니다. WEM 플랫폼은 인증(ISO27001:2013, IEC27001:2013, NEN7510)과 GDPR을 준수합니다.

셋째, 확장 가능한 최신 클라우드 아키텍쳐입니다. WEM은 엔터프라이즈 고성능,가용성 및 재해 복구 요구사항을 충족하는 WEM 어플리케이션 클라우드에서 호스팅됩니다. 이로써 안전하고 확장 가능한 최신 클라우드 아키텍처를 제공합니다.

마지막으로, 통합입니다. WEM은 마이크로서비스 아키텍처를 완벽하게 지원하고 혁신적인 '포인트 앤 클릭' 통합 가능성을 제공합니다. 또한 현재 및 미래의 통합 요구사항을 쉽게 충족할 수 있습니다.

(2) WEM의 강점

WEM의 강점은 다음과 같습니다.

첫째, 노 코드 개발 플랫폼이라는 점입니다. 이제는 비즈니스 프로세스 디자이너들부터 경력 있는 기술 개발자들까지 모두 구축, 통합, 테스트, 어플리케이션 배포를 할 수 있습니다.

둘째, 생산성 향상입니다. 기존의 개발 방식보다 10배 빠른 앱의 시스템 오픈으로 여러분의 비즈니스 가치를 빠르게 높일 수 있습니다.

셋째, 확장성입니다. 빌트 인 오픈 스탠다드 및 오픈 소스 기술, SOAP, REST, OData 서비스와 같이 상호운영성을 가진 소프트웨어를 작동시킵니다.

넷째, 모바일 앱 개발입니다. 어떠한 디바이스로도 구동이 되고 유저 경험을 능가하는 매력적인 어플리케이션 출시를 지원합니다.

다섯째, 엔터프라이즈급 개발 플랫폼입니다. 광범위한 보안과 인프라 요구사항이 담겨 있는, 데이터 중심의 어플리케이션 구축을 지원합니다.

마지막으로, 비주얼 개발 플랫폼입니다. 풀 스택 어플리케이션을 시각적으로 설계하고 앱 개발 프로세스 동안 각 단계를 실시간으로 확인할 수 있습니다.

02
WEM이란

WEM은 혁신적인 생산성과 민첩성을 가진, 클라우드에 기반한 어플리케이션 개발 플랫폼입니다. 이것은 기본적으로 두 가지 중요한 의미를 가지고 있습니다. 첫 번째로, WEM에서 생성된 응용 프로그램을 생성 및 실행하기 위해 아무것도 설치하지 않아도 되고 WEM에서는 어플리케이션을 개발하기 위해 코딩을 사용하여 정교하게 프로그래밍을 할 필요가 없다는 점입니다. 두 번째는, 어떠한 어플리케이션을 구축하는 데 있어 기존에 사용하던 코딩 프로그래밍보다 10배 더 빠르게 개발할 수 있다는 점입니다. 이제 WEM 웹 브라우저에서 원하는 모든 개발 작업을 수행할 수 있습니다.

WEM은 프로그래밍 지식이 없어도, 개발에 관심이 있다면 누구나 사용 가능한 올라운드 어플리케이션 제작 플랫폼입니다. WEM은 노 코딩 개발 환경이고, 이를 통해 데스크톱과 모바일 디바이스에서 사용 가능한 엔터프라이즈급 어플리케이션을 구축할 수 있습니다. WEM은 비즈니스 분석가와 비즈니스 개발자가 시각화된 모델링 화면으로 어플리케이션을 개발할 수 있게 만듭니다. 우리는 이것을 민첩한 어플리케이션 모델링이라고 부릅니다. WEM 환경에서 어떠한 웹 또는 모바일 어플리케이션을 여러분들의 필요에 맞게 구축할 수 있습니다.

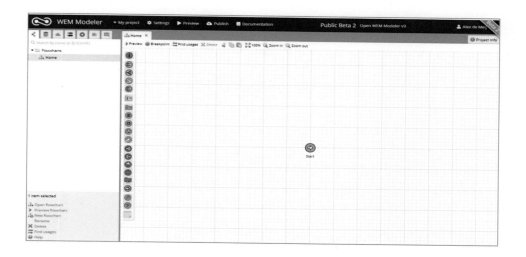

WEM 노 코드 플랫폼 개발 화면(WEM Modeler)

아래는 WEM 플랫폼으로 개발 가능한 어플리케이션 유형의 몇 가지 예입니다.

- 워크플로우 및 비즈니스 프로세스 자동화
- 업무 자동화
- 형식 자동화
- 사용자 경험
- 대시보드가 구현된 비즈니스 어플리케이션
- ERP, 클라우드, 수축 포장 소프트웨어 추가 기능

워크스페이스와 프로젝트 만들기

WEM 환경 안에서 개발을 시작할 때, 여러분은 프로젝트를 생성하기 위한 어플리케이션을 실행해야 합니다. WEM은 웹 혹은 네이티브 모바일 어플리케이션에서 실행할 수 있습니다. 프로젝트는 WEM 시작 페이지 상단의 New Project를 클릭하시면 생성됩니다. Workspace는 Project를 조직적으로 편성하는 중요한 방식입니다. 예를 들어 XYZ 그룹이라 불리는 회사의 경우, 인사 부서에 적합한 직원 On boarding, 휴가 관리, 심지어 전문적인 인증서 관리에 관한 어플리케이션도 만들어야 합니다. 이 모든 것을 개별적인 프로젝트로 유지할 수 있도록 HR Workspace를 생성합니다.

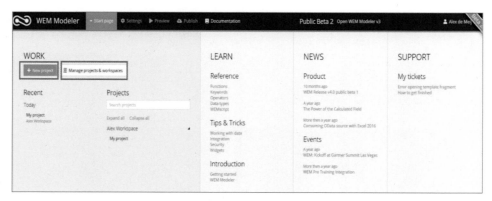

WEM 새로운 프로젝트 생성 화면

Workspace와 Project는 유저의 제한을 두고 있지만 다른 사람과 공유할 수 있으며, 여러분 스스로 Workspace와 Project를 보거나 편집할 수 있는 유저를 결정할 수 있습니다. Workspace는 WEM 시작 페이지에서 'Manage project & workspaces'를 클릭하시면 생성할 수 있습니다.

MAIN MENU

Main Menu를 사용하면 모델링 중인 project에서 작동하는 주요 기능에 액세스할 수 있습니다.

Main Menu 화면

Project Name을 선택하면 다른 project를 선택할 수 있도록 시작 페이지로 돌아갑니다.

'Settings'는 프로젝트 작동 방식을 제어하는 일부 전체 설정으로 이동합니다. 여기에는 project 설정, 보안 설정 및 포털 설정이 포함됩니다.

'Preview'를 사용하면 개발 중에 project를 실행하고 테스트하여 변경된 화면을 확인할 수 있습니다.

'Publish'를 사용하면 project를 준비 혹은 테스트하는 환경 또는 프로덕션으로 출시할 수 있습니다.

'Documentation'은 online WEM documentation으로 이동합니다.

05

TOOL TABS

Tool Tabs을 통해 주요 구성요소 사이를 빠르게 이동할 수 있으며 메뉴의 기능들은 아래와 같습니다.

No.	메뉴 이름	설명(기능)	아이콘
1	Flowchart	Flowchart는 워크플로우 또는 프로세스를 나타내는 다이어그램의 유형입니다. Flowchart는 알고리즘 도표의 표현으로 정의될 수도 있습니다. 작업을 해결하기 위한 단계적인 접근법입니다. 여기서 여러분은 여러분의 어플리케이션 기능을 제어하는 Flowchart를 관리할 수 있습니다.	
2	Data Model	Data Model은 데이터 요소들을 정리하고, 어떻게 그들이 서로 연관되어 있고 현실 세계 실체의 속성과 연관되어 있는지 표준화하는 추상적인 모델입니다. 여기서 어플리케이션에서 사용하는 데이터를 제어합니다.	
3	Integration (Web services and comet)	여기서 어플리케이션이 다른 시스템 또는 어플리케이션과 함께 작동하는 방법을 관리할 수 있습니다.	
4	Ontology (Concepts)	Ontology는 Concepts의 집합이자 주제영역 또는 Concepts와 그들 사이의 관계를 보여주는 도메인 카테고리입니다.	

5	Navigation	유저가 사용할 수 있는 메뉴 항목을 관리할 수 있습니다. 섹션 메뉴 및 탐색에 대해 다룹니다.	
6	Dictionary	개발 어플리케이션의 언어를 관리할 수 있습니다.	
7	Collections	위젯 라이브러리, 템플릿 조각, 파일 및 하이퍼링크를 관리할 수 있습니다.	

TOOL TABS 메뉴의 주요 기능 설명

(1) 플로우 차트

WEM 모델러(Modeler)의 Flowcharts는 프로그래밍 코딩 언어를 사용하여 어플리케이션을 개발하는 것과 같은 역할을 수행합니다.

쉽고 시각적인 방식으로, 여러분은 어플리케이션이 개발에서 요구하는 어떠한 코드도 입력하지 않고도 여러분이 원하는 프로세스를 생성할 수 있습니다. WEM에서는 두 가지 유형의 플로우 차트를 사용합니다.

- Action flowchart
- Regular flowchart

Regular and Action flowchart의 차이점은 간단합니다. 유저 상호작용이 있으면 Regular flowchart를 사용하고, 유저 상호작용이 없으면 Action flowchart를 사용합니다.

① Action flowchart

유저 상호작용이 필요하지 않은 Flowchart(예: calculation 또는 Clear value actions)가 필요한 경우 Action Flowchart를 사용합니다.

만약 다른 Flowchart를 참조하는 Action Flowchart라면, 참조된 Flowchart 중 하나라도 어떠한 유저 상호작용이 나타날 수 없습니다.

웹서비스 기능을 노출하려면 Flowchart만 사용할 수 있습니다.

② Regular flowchart

Flowchart는 Flowchart의 캔버스에 그려질 겁니다. 캔버스는 Flowchart를 이끌어내고 어플리케이션의 기능을 만들 수 있는 작업 공간입니다. Flowchart 캔버스에는 작업을 관리하기 위한 다양한 툴이 있습니다. 상단에는 다양한 툴이 있고, 왼쪽 panel도 있습니다.

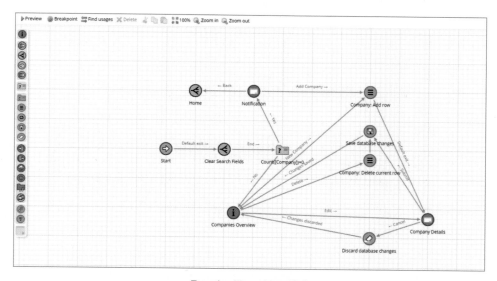

Regular Flowchart 화면

- Preview: 플로우 차트를 실행하여 기능을 테스트할 수 있습니다.
- Breakpoint: 선택한 Node에 도달하면 실행을 중지하도록 WEM에게 지시합니다.

어플리케이션을 디버깅하는 데 유용합니다.

- Find usages: 현재 열려 있는 Flowchart를 사용하는 Flowchart를 표시합니다.
- Delete, Cut, Copy and paste: 이 버튼을 사용하여 Flowchart 간에 기능을 이동할 수 있습니다.
- Zoom: 이 버튼을 사용하면 화면에서 Flowchart를 더 많이 또는 더 적게 볼 수 있도록 Flowchart의 크기를 조정할 수 있습니다.

③ 플로우 차트 노드

캔버스로 드래그하여 어플리케이션을 개발할 수 있으며, 캔버스에는 특별한 Flowchart Node가 있습니다. 바로 Start Node입니다. 모든 Flowchart에는 반드시 하나의 Start Node만 있어야 합니다. Start Node는 삭제하거나 Flowchart에 추가할 수 없습니다. 이미 Flowchart를 생성할 때, 캔버스에 놓여 있습니다.

No.	메뉴 이름	설명(기능)	아이콘
1	UI Node	화면이 빌드업되는 유저 상호작용 노드, 최종 유저가 보고 작업할 노드입니다.	
2	흐름 제어 노드들	이 노드 그룹은 실행되고 있는 프로세스를 나가는 방법을 처리합니다. - 플로우가 프로세스 끝에 도달했습니다. - 다른 Flowchart를 호출하여 실행합니다. Sub 플로우 차트에서 쓰이며 현재 프로세스로 돌아갑니다. - Navigation 지점으로 이동합니다. 현재 플로우 차트로 복귀하지 않습니다. - Clear Session: 모든 세션의 변수를 클리어합니다.	
3	Decision Node	이 노드는 지정된 조건에 따라 현재 플로우 차트에서 이동할 위치를 결정하는 데 사용됩니다.	

4	Data 운영 노드들	이 5개의 노드는 리스트 또는 독립 실행형 변수에 대한 작업을 처리합니다. - Assignment: 이 노드는 필드에 새 값을 할당하거나 새로운 값을 조작하는 데 사용됩니다. - List: 리스트 노드는 리스트의 특정 레코드로 이동할 뿐만 아니라 리스트에서 행을 추가하거나 삭제하는 작업을 포함하여 리스트를 변경하는 오퍼레이션의 세트로 구성됩니다. - Loop: 리스트 목록을 루프합니다. - Save all database list changes: 만들어진 데이터 리스트의 변경사항을 저장합니다. - Discard all database list changes: 데이터 리스트에서 만들어진 변경사항을 삭제합니다. 변경사항을 데이터베이스에 저장되지 않습니다.	
5	External Access Nodes	어플리케이션 외부의 데이터 또는 서비스에 접근하는 데 사용됩니다. - Import data node: CSV, Excel, XML 등과 같은 다른 포맷에서 리스트로 자료를 받아들일 수 있습니다. - Export data node: 리스트에서 다른 포맷으로 자료를 내보낼 수 있습니다. - Invoke a web service node: 웹서비스를 이용하여 SOAP 웹서비스에 접근할 수 있습니다(you can access a SOAP web services). - Do HTTP request node: 웹서비스와 웹페이지에 서비스 요청을 만들 수 있습니다. - Execute process node: 실행 프로세스를 사용하여 pdf 또는 Excel과 같은 문서를 만들고 메일 전송과 다른 작업을 트리거할 수 있습니다.	
6	External Access Nodes	- Network Node: 이 노드를 사용하여 핑 프로토콜 기반으로 된 특정 컴퓨터에 대한 연결을 테스트할 수 있습니다. - Mobile Resource node: 만약 모바일 어플리케이션이 여러분의 핸드폰 카메라에 액세스하거나 위치 정보를 검색해야 하는 경우 이 노드를 통해 가능합니다.	
7	Special Nodes	- Real-time message node: 이 노드를 이용하여 응용 프로그램과 클라이언트 사이에 실시간 자료를 공유할 수 있습니다. - Authentication node: 사용자 인증과 SSO 구현을 제공하기 위해 LDAP과 Oauth 같은 다른 서비스를 이용할 수 있게 합니다.	
8	Comment Node	이 노드는 플로우 차트에 주석을 남기는 데 사용됩니다. 여러분은 주석 노드를 통하여 현재 플로우 차트 작업 또는 현재 플로우 차트를 모델링하는 방법을(본인과 다른 사람에게) 설명할 수 있습니다.	

Flowchart 메뉴 기능

④ EXIT란?

Exit는 플로우 차트에서 중요한 개념입니다. Exit는 노드를 나가거나 플로우 차트에 놓인 다른 노드에 들어갈 수 있는 방법 중 하나입니다. 각 노드는 하나 이상의 Exit가 있습니다. Exit는 노드에서 특정한 액션이 발생할 때 수행할 작업을 WEM 모델러에게 알려줍니다. 여러분은 Exit가 액션 트리거와 같다고 이해하시면 됩니다.

노드 유형에 따라 표준 Exit가 다릅니다. 다음과 같은 Exit가 표시됩니다.

- Default Exit: 여러분이 볼 수 있는 가장 일반적인 Exit입니다. 노드가 완료될 때 Default Exit가 실행될 겁니다.
- Error: 이 Exit는 실행 중 노드에 문제가 있을 때 실행됩니다. 만약 Error Exit가 나열되지 않으면 기본 종료가 폴백으로 사용됩니다.

이러한 표준 Exit 외에도, 특정 노드에 패키지된 많은 추가적 Exit가 있습니다. 또한 인터랙션 노드에 자신만의 맞춤 Exit를 추가할 수도 있습니다. 맞춤 Exit는 UI 노드에서 특정 작업을 수행할 때 발생하는 작업을 나타냅니다, 예를 들어 세이브 버튼을 눌렀거나 리스트에서 행을 클릭했을 경우에 대한 Exit를 만들 수 있습니다.

(2) DATA MODEL

WEM에는 어플리케이션에 데이터를 추가할 수 있는 리스트가 있습니다. 이는 임시성 리스트와 데이터베이스 리스트의 두 가지입니다. 임시성 리스트와 데이터베이스 리스트의 차이점은 간단합니다. 임시성 리스트는 데이터를 영원히 저장하지 않으며, 데이터베이스 리스트는 영구히 저장합니다.

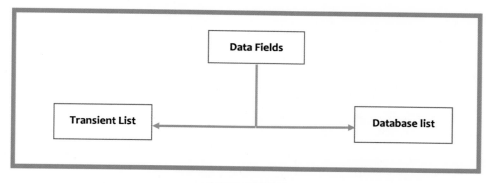

데이터 **List**의 종류

① 기술적 명칭

리스트 또는 필드를 생성할 때는 유저가 읽을 수 있는 이름을 지정합니다. 이 이름은 필드 또는 리스트의 목적이 무엇인지 설명하는 데 도움이 됩니다.

또한 규정할 수 있는 기술적 명칭도 있습니다. 이 이름은 WEM에서 필드 및 데이터베이스를 식별하는 데 사용됩니다. 기술적 명칭은 WEM에서 자동적으로 제공됩니다. 그러나 유저의 기본 설정에 따라 변경될 수도 있습니다.

기술적 이름은 다음과 같은 명명 규칙을 사용합니다.

리스트는 테크니컬 네임을 얻고, 리스트의 기술적 명칭, 구분자로 점(마침표), 필드의 이름을 가져옵니다.

예를 들어 'Client'라 불리는 리스트의 기술적 명칭이 'Client. Name'으로 쓰이면, 'Name'이라고 불리는 필드를 가지고 있습니다. 여러분들께서 나중에 알게 되겠지만, 리스트 인 리스트(list-in-lists) 또는 리스트 내 리스트를 생성할 수 있습니다. 이 경우, 리스트 인 리스트 안에 필드를 만들 것입니다, 예를 들어 'Client List' 안에 'Order List' 안에 Amount라고 불리는 필드, 기술적 명칭을 'Cli-ent. Order. Amount'로 가집니다.

② 데이터 타입

필드를 생성할 때, 각 필드에 대한 데이터 타입을 정의합니다.

- Text: Text 필드 또는 String. 이 필드에는 영문, 숫자, 문자를 추가할 수 있습니다. 길이의 기본값은 50입니다. 예를 들어 국가 코드는 두 자리 문자만 필요합니다. 따라서 필드의 길이를 2로 변경할 수 있습니다. 이렇게 하면 데이터베이스의 스토리지를 최적화할 수 있습니다. 그러나 때로는 필드 길이가 50으로 너무 짧을 수 있습니다. 예를 들어 URL이나 암호를 저장하려는 경우입니다. 여러분은 또한 표준 유효성 검사를 추가하여 특정 포맷이 맞는지 확인할 수 있습니다. 예를 들어 텍스트가 전자 메일 주소인지 확인할 수 있습니다.
- Rich Text: Rich Text 필드는 '일반' 텍스트 필드와 달리 포맷팅(굵은체, 밑줄 등) 모든 종류의 텍스트를 포함할 수 있습니다.
- Number: 숫자를 포함합니다. 숫자는 정수일 수도 있지만 소수점이 있는 숫자일 수도 있습니다. 숫자 필드(계산 필드)의 표현 및 소수점의 정의는 UI 화면에서 정의됩니다. 데이터 모델에서는 정의되지 않습니다. 유저 상호작용 화면에 대해서는 뒷부분에서 설명합니다.
- Yes/No: 소위 'Boolean' 값이라고도 하는 논리값을 포함합니다. 'Boolean' 값은 True(1로 표시) 또는 False(0으로 표시)일 수 있습니다.
- Date-Time: 날짜 및 시간 값입니다. 주문 날짜, 배송 날짜 또는 생년월일과 같은 것들을 저장하는 데 사용될 수 있습니다.
- Duration: 기간 필드에는 시간(1일, 1시간 등)이 포함됩니다.
- Files: 이 필드에 모든 유형의 파일을 포함할 수 있습니다. 이러한 문서에는 사진, 워드 또는 엑셀 문서가 포함될 수 있습니다.
- Single Select: 이 필드에서는 온톨로지라는 사전 정의된 리스트에서 단일 선택 항목을 고를 수 있습니다.

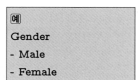

예
Gender
- Male
- Female

- Multi Select: 온톨로지에 미리 정의된 리스트에서 여러 항목을 참조합니다.

```
예
Cars
- Audi
- BMW
- Mercedes
```

- Reference: 이 필드 유형을 사용하여 다른 리스트의 레코드를 참조할 수 있습니다.

③ 계산 필드

값을 할당할 수 있는 필드 이외에도 다른 데이터를 기반으로 한 값을 계산하는 필드를 생성할 수도 있습니다. 계산 필드는 표현식 사용 섹션에서 자세히 다룹니다.

④ 유효성 검증 필드

텍스트 필드에는 올바른 내용이 입력되어 있는지 확인하기 위한 몇 가지 기본 유효성 검사가 있습니다. 나중에 어플리케이션 화면에서 추가 유효성 검사를 더할 수 있습니다. 사용할 수 있는 유효성 검사로는 이메일 및 URL 등이 있습니다.

(3) 온톨로지(Ontology)의 개념

개념은 속성을 가질 수 있습니다. 이러한 속성은 개별 개념, 또는 계층의 모든 개념에 적용할 수 있습니다.

예를 들어, 여러분이 모든 관련 회사를 포함하고 회사별로 회사 분점을 지정하는 개념 셋을 만들었다고 가정합시다. 이제 'file' 타입의 속성을 정의할 수 있습니다. 속성은 전체 계층에서 사용할 수 있는 회사의 로고를 저장합니다. 따라서 각 회사의 로고가 자동으로 표시됩니다.

온톨로지에서 수행할 모든 작업은 탭 바의 온톨로지 개념 탭에서 수행됩니다. 새 개념을 생성하려면 창 아래에 나타나는 작업 패널을 사용하여 추가 및 편집하거나 개념 노드를 마우스 오른쪽 버튼으로 클릭합니다.

개념을 만들거나 편집할 때 다음을 제공할 수 있습니다.

- 어플리케이션 내 컨셉 이름
- 다국어 어플리케이션에서 올바른 언어로 표시될 수 있도록 개념에 대한 모든 번역
- 개념과 관련된 모든 개념 유형(RtK1)
- 개념에 대한 설명

어플리케이션에서 이러한 컨셉을 드롭다운 또는 라디오 단추로 사용할 수 있습니다.

노 코드
응용 프로그램 구현

01
사용자 화면 및 로직 구현

(1) UI 노드 이용 방법

인터랙션 노드는 개발자에게 최종 사용자를 위한 사용자 폼, 뷰들을 생성하게 합니다. 사용자는 데이터, 리스트, 폼 등과 함께 작업할 수 있고 여러분이 생각할 수 있는 다른 모든 사용자 상호작용을 함께 작업할 수 있습니다.

① UI 노드를 추가하기

UI 노드를 플로우 차트 캔버스에 드래그하면 'New Interaction Node'라는 이름으로 화면에 표시됩니다. 이 노드를 선택하여 새로 명명하고 템플릿을 편집할 수도 있습니다.

② UI 노드 템플릿 에디터

인터랙션 노드에서 사용자 폼, 뷰들을 만들 수 있습니다. 인터랙션 노드 에디터 화면에 나열된 요소들로 고객 요구사항에 따라 사용자 폼, 뷰들을 만들 수

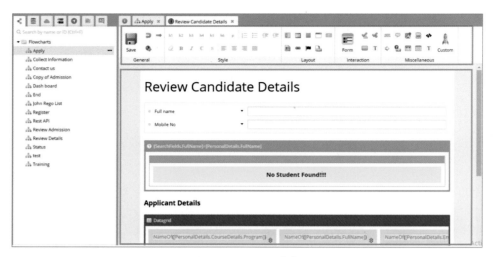

UI Node Editor 화면

있습니다.

(2) 사용자 화면 주요 기능

① DataGrid 이용 방법

항목	설명	이미지
DataGrid	데이터베이스로부터 리스트 안에 데이터를 표출하기 위한 UI 화면에 추가할 수 있는 컴포넌트입니다. 그것은 항상 데이터 모델의 리스트에 연결되어 있습니다. 리스트는 데이터베이스 리스트이거나 임시성 리스트일 수 있습니다.	Custom Miscellaneous

데이터 그리드(DataGrid) 설명

DataGrid 컴포넌트는 Miscellaneous 탭에서 찾을 수 있습니다. DataGrid는 UI

캔버스에 배치되어 있습니다. 배치할 때 데이터 소스인 리스트를 요청하는 팝업창이 뜰 것입니다. 적절한 리스트를 선택한 후에 DataGrid에 보여줄 컬럼을 고르게 하는 새로운 팝업창이 뜰 것입니다.

또 다른 방법으로 DataGrid를 생성하기 위해 도구 탭에 있는 리스트를 UI 에디터에 끌고 올 수 있습니다. 그러면 시스템이 어떤 것을 생성할지 묻는 팝업창을 띄울 것입니다.

여러분에게는 DataGrid 생성, Repeater 생성, 또는 Label(example)이라는 선택지가 주어집니다. 일단 여러분이 DataGrid를 생성하고 나면 거기에 필드를 추가할 수 있습니다. DataGrid는 여러분이 선택한 리스트 안에 각 레코드를 위한 행을 포함한 표를 보여줍니다. DataGrid를 생성하면 화면을 맞춤형으로 설정하기 위해 사용할 수 있는 수많은 속성들이 생깁니다.

주요한 속성은 DataGrid에 안에 있는 행 중 하나를 사용자가 선택할 시 발생하는 "On Row Click"입니다. 예를 들어서 현재 행을 수정하는 팝업창을 열기 위해 이 속성을 사용할 수 있습니다. 행을 클릭함으로 WEM은 자동적으로 사용자가 선택한 리스트 안에 행을 선택해줍니다.

② Repeater 이용 방법

Repeater는 사용자 인터랙션 화면에 추가할 수 있는 컴포넌트입니다. Repeater는 항상 데이터 모델 안에 있는 리스트에 연결되어 있습니다. 데이터베이스 리스트일 수도 있고 임시 리스트일수도 있습니다.

항목	설명	이미지
Repeater	Repeater 컴포넌트는 UI 화면에 있는 Miscellaneous 그룹에서 찾을 수 있습니다. 도구 탭에서부터 끌고 오거나 리스트를 직접 템플릿 캔버스에 끌고 와서 생성할 수 있습니다.	

리피터(**Repeater**) 설명

Repeater는 데이터를 수평적 혹은 수직적으로, 혹은 Grid로 보여줍니다. Grid 는 특히 포트폴리오나 Web Shop을 보여줄 때 유용합니다. Repeater는 행에 많은 개체를 보여주고 다른 개체를 보여주기 위해 다음 행으로 이동합니다.

Repeater의 한 가지 단점은 On Row 클릭 옵션이 없다는 점입니다. 이는 Repeater가 모델러(Modeler)에게 더 많은 유연성을 부여하는데, 예를 들어서 Repeater에 버튼을 추가하면 WEM이 자동으로 버튼이 참조한 것이 어느 레코드인지를 인식하기 때문입니다. 계속 연습하다 보면 더 명확해질 것입니다.

③ Form Control 이용 방법

필요한 데이터를 입력하는 폼을 생성하기 위해서는 메뉴에서 Form Control을 끌고 와야 합니다.

첫 단계로 Form Control을 삽입하는데, 사용자 보기를 생성하기 위한 필드를 드래그 앤 드랍할 수 있습니다.

Form Control Manu 화면

④ Button 이용 방법

'버튼'이나 DataGrid에 있는 'On Row 클릭'을 활용하여 새로운 EXIT를 생성할 수 있습니다. 간단히 버튼을 UI 노드 템플릿에 드래그 앤 드랍하고 'Follow button exit'을 선택하면 됩니다.

항목	설명	이미지
Exit 수행	UI 노드에 사용자 정의 EXIT를 추가할 수 있습니다. 사용자 정의 EXIT는 UI 노드에서 한 이벤트를 수행할 때 하는 활동을 나타냅니다. 예를 들어서 여러분이 저장 버튼을 클릭할 때 혹은 리스트 안에 한 행을 On Row 클릭할 때를 위한 EXIT 등을 생성할 수 있습니다.	⟳ Refresh screen ⛓ Execute flowchart ↪ Follow button exit ⊘ Navigate to 🔗 Open hyperlink 📄 Download file

Exit 수행

(3) DB 저장 및 노드 연결

① Database List Changes 노드 이용 방법

폼을 생성할 때 입력한 데이터를 저장하려면 캔버스에 Save Database List Changes 노드를 끌고 오면 됩니다. 이 노드는 어떤 데이터베이스 리스트 안에 변경된 데이터를 모두 저장합니다.

② 노드 연결

마지막으로 과정 화살표에 따라 노드를 연결해야 합니다. 이 화살표들은 WEM 모델러(Modeler)에게 어떤 노드로 넘어갈지 지시합니다.
마우스를 노드 옆에 두면 작은 화살표가 노드 주위에 살짝 빠져나온 것이 보일 것입니다. 마우스 버튼을 누른 채로 화살표를 다음 노드로 끌어보세요. 그 후에 버튼을 놓으면 다음 노드에 화살표가 붙을 것입니다.

02

메뉴 및 네비게이션

(1) 메뉴의 종류 및 소개

우리는 여태까지 Preview를 클릭해서 캔버스에 있는 플로우 차트를 실행했습니다. 이러한 방법은 해당 플로우 차트를 빠르게 테스트해보는 데 좋지만 우리의 사용자가 어플리케이션을 작동시킬 때 이 방법은 우리가 의도하는 바가 아니죠.

네비게이션 탭에서 여러분은 사용 가능한 4개의 메뉴 위치를 볼 수 있을 것입니다.

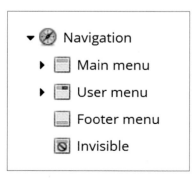

네비게이션 탭의 4개 메뉴 화면

WEM은 어플리케이션이 어떤 모습이 될지 정의하는 테마를 사용합니다. 몇몇 테마에서는 어플리케이션 메뉴 위치가 다를 수 있습니다.

다음은 대부분의 테마에 적용됩니다.

- Main menu 아이템은 왼쪽에서 오른쪽으로 웹 어플리케이션의 상단에 보여집니다.
- User menu 아이템도 또한 어플리케이션 상단에 보여지지만 오른쪽에서 왼쪽으로 표시됩니다. 웹 어플리케이션의 상단 바가 모두 채워질 시 User menu는 Main menu 아래에 나타납니다.
- Footer menu는 웹 어플리케이션의 하단에 보여집니다.
- 기본값으로 비가시적 노드에 추가된 메뉴아이템들은 보여지지 않습니다. 그러나 사용자가 이동할 수 있는 링크를 만드는 데 사용됩니다.

이러한 비가시적 노드 활용의 좋은 예시는 여러분이 비밀번호를 잊어버렸을 때 초기화하기 위해 수신하는 이메일입니다. 보통 이러한 이메일들은 사용자의 비밀번호 변경사항을 확인하기 위해 안내하는 링크를 포함하고 있습니다. WEM 어플리케이션에서는 비가시적 내비게이션 포인트로 처리됩니다.

(2) 메뉴아이템 만들기

내비게이션 아이템을 만들 때는 'Create Navigation Item' 창을 사용합니다. 내비게이션 아이템 설정에서 해당 아이템이 클릭될 때 어떤 활동이 실행되어야 하는지 선택할 수 있습니다.

- Deep-link: 어플리케이션 사용자가 머물게 될 플로우 차트를 실행시킵니다. 예를 들면 또 다른 페이지로 이동할 때 이 옵션을 사용할 수 있습니다.

- Subroutine: 역시 플로우 차트를 실행시킬 수 있습니다. 그러나 그 플로우 차트는 End 노드가 있어야 합니다. End 노드에 도달할 시 사용자는 자신이 시작했던 지점으로 되돌아가게 됩니다.
- Hyperlink: 고정된 URL로 사용자를 안내합니다. 이는 현재 어플리케이션일 수도, 또 다른 어플리케이션일 수도, 혹은 다른 웹사이트일 수도 있습니다.
- None: 사용자를 아무 곳으로도 안내하지 않습니다. 이는 다중레벨 메뉴를 제작하기 위한 상위레벨 또는 아직 플로우 차트에 생성되지 않은 곳에는 유용합니다.

⑶ 메뉴아이템 속성의 수식 활용

내비게이션 아이템의 몇몇 속성들에는 수식을 사용할 수 있습니다. 수식은 어플리케이션에 로직을 추가하는 강력한 방법입니다. 이 과정에서는 WEM 수식의 모든 기능들을 깊게 파헤치지 않으면서 WEM이 제공하는 폭넓은 가능성에 대한 기초적인 이해에 초점을 맞추겠습니다.

내비게이션 아이템의 'Display text'와 'Visible when' 속성들 모두에서 수식을 사용할 수 있습니다. 'Visible when' 속성은 메뉴에서 내비게이션 아이템을 숨기기 위해 사용됩니다. 예를 들어서 사용자가 로그인을 했는지(True/False 로직 필드를 사용하여)를 나타내는 데이터를 저장하기 위해 임시 필드를 사용하고 메뉴를 보일지 안 보일지 변화를 줄 수 있습니다.

⑷ 볼 수 없는 메뉴아이템 만들기

표현식에 따라서 내비게이션 아이템을 안 보이게 할 수 있고, 또한 UI 노드 템플릿 안에 있는 어떤 컴포넌트와 동일하게 만들 수도 있습니다.

이는 몇몇 사용자들로부터 일부 기능들을 숨기고 싶을 때 자주 이용됩니다. 예로, 관리자가 아닌 사용자에게 관리 기능을 보이면 안 되겠죠. 'Visible when' 속성이 사용되는 또 다른 예시는 버튼 바에서 볼 수 있습니다.

이 속성은 수동적으로 템플릿에 추가됐을 때 버튼 속성에서 보여집니다.

03

유한 데이터 집합과 온톨로지

(1) 온톨로지(Ontology)란?

온톨로지는 컴퓨터 과학계의 개념적 용어입니다. 분류의 체계에 따라 모든 상호 의존적인 속성과 관계를 가지고 개체들, 아이디어들 및 이벤트를 표현하고자 하는 것입니다.

WEM에서는 이를 어플리케이션 내에서 '개념'이라고 불리는 고정된 항목들의 목록을 지칭합니다. 각 개념들은 그 아래에 하나 또는 그 이상의 자식 '개념들'을 가질 수 있는데 어플리케이션의 필요에 따라 달라집니다.

실제로 어플리케이션을 업데이트함으로써만 개념들을 수정할 수 있습니다. 어플리케이션이 개념들을 수정하거나 추가할 수 없습니다.

(2) 개념(Concept) 집합

개념 집합은 Concept들의 모음입니다. 복사본은 똑같은 모음 내에서 발생하지 않으며, 발생 시 제거됩니다.

① 컨셉의 속성들

한 개념은 여러 속성을 가질 수 있습니다. 이러한 속성들은 개개의 개념에 적용되거나 계층 안에 있는 모든 개념에 적용될 수 있습니다

예를 들면, 여러분이 모든 자동차 브랜드를 포함하는 한 개념 집합을 만들었고 브랜드당 모든 자동차 모델을 명시했다고 합시다. 이제 파일 타입의 속성을 정의할 수 있는데 이는 전체 계층에서 이용할 수 있는 자동차 로고를 저장하는 곳입니다. 그렇게 하면 여러분은 저절로 해당 브랜드의 개별 자동차 모델에 대한 로고를 가지고 올 수 있습니다.

② 온톨로지 쿼리

온톨로지 쿼리는 개념 구조와 로직을 사용하는 것에 대한 고급 방식입니다. 개념 집합(들)의 특정 개념들을 걸러내기 위해 온톨로지 쿼리(Ontology Query)를 사용할 수 있습니다.

(3) 온톨로지 생성

하기와 같이 온톨로지 생성을 진행합니다.

온톨로지에 대한 모든 작업들은 탭 바 안에 온톨로지 개념 탭에서 끝납니다. 새로운 개념을 생성하기 위해 해당 창 아래에 나타나는 액션 패널을 사용하여 개념을 추가 및 수정하거나 개념 노드를 우클릭하여 만들 수 있습니다.

온톨로지 생성 화면

개념을 생성하거나 수정할 시 다음과 같은 것들을 제공할 수 있습니다.

- 개념의 이름
- 개념에 대한 여러 다국적 언어들. 즉, 다중 언어 어플리케이션에서 적합한 언어로 보여지는 다국적 언어들
- 개념과 연관된 개념 타입, 일반 텍스트 필드로 개념을 분류하기 위해 사용
- 개념에 대한 설명

온톨로지 생성 화면

데이터베이스 필드로 개념 집합을 이용할 시 개념들을 정제하기 위해 개념 타입을 이용할 수 있습니다.

⑷ 개념들의 이용

일단 온톨로지 탭 안에 어플리케이션에서 필요한 개념(Concept)의 목록(들)을 정의하고 하기와 같이 진행합니다.

리스트 안에 개념을 사용하길 원할 시, 예를 들어 고객 목록에 고객들을 위한 경칭이나 성별 개념을 포함하고 싶을 때입니다. 선택된 값을 보유하기 위해 데이터 모델 내에 필드를 생성해야만 합니다.

해당 개념들을 유지하는 두 개의 필드 타입들이 있습니다.

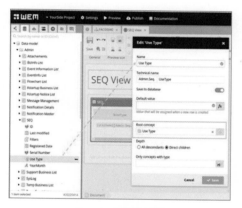

Concept 생성 과정

Single Select	하나의 개념을 포함할 수 있습니다. (예: 고객당 하나의 경칭만 할당). 또 단일 선택 필드로 불립니다.
Multi Select	하나 또는 많은 개념을 포함할 수 있습니다. (예: 고객이 살았던 모든 나라들의 목록 선택) 또한 다중 선택 필드로 불립니다.

주요한 차이점은 루트 개념을 반드시 선택해야만 한다는 것입니다. 해당 값을 얻어내는 필드의 기본 개념입니다. 추가로 옵션의 깊이를 설정할 수 있는데, 예를 들어서 'Direct children of root concept'으로 루트 개념의 직계 자식만 보여주거나 'All descendants of root concept'으로 모든 자손들을 선택할 수도 있습니다.

성별 예시에서 여러분은 성별을 루트 개념으로 선택하고 옵션들(남성, 여성, 기타)을 보여주기 위해 루트 개념의 직계 자식을 사용할 것입니다.

(5) 화면에서 온톨로지 활용

① 드랍 다운 리스트

여러분은 아마도 전에 많은 어플리케이션에서 드랍 다운 리스트를 사용했을지도 모릅니다. 드랍 다운(Drop Down) 리스트는 사용자가 선택하길 바라는 다수의 고정적인 옵션을 가질 때마다 사용됩니다.

아래는 교육과정을 선택하도록 사용자를 유도하는 어플리케이션들에 거의 사용되는 드랍 다운 리스트 예제입니다.

Drop Down list 예제

드랍 다운 리스트는 단일 항목 선택에서만 쓰입니다. 이는 개념 필드와 일치하므로 개념 필드로부터 드랍 다운 리스트를 생성할 수 있습니다.

항목	설명	이미지
Concept 표현	해당 필드(Field)를 UI 템플릿으로 드래그하고 라벨 또는 폼 (Form) 안에서 드랍 다운 리스트로 필드를 보여주는 방법을 선택할 수 있습니다.	

Concept 생성 과정

② Check-box list

개념 집합을 선택하여 캔버스 위에 끌어다 놓을 때 체크박스 리스트를 생성할 수 있습니다. 왜냐하면 다수의 개념을 선택하기 위해 적합한 방식이기 때문입니다. 이 예시에서 사용자는 자신이 살았던 모든 나라들을 선택하기 위해 체크박스를 선택할 수 있습니다.

04
프로그램 실습

(1) 고객 관리 프로그램

① 개발내용

프로그램 실습에 들어가기 전에 먼저 Project를 'No Code Learn Project' 이름으로 생성하시기 바랍니다.

우리 회사가 거래하고 있는 고객사의 일반 정보를 관리하는 프로그램을 작성하고자 합니다. 먼저, 우리가 고객사의 어떤 정보들을 관리할 것인가를 조사하여야 합니다. 고객사명, 대표이사, 업종, 홈페이지 주소, 회사 Logo, 주소, E-mail 주소, Call Center 전화번호, 종업원 수, 매출 규모, 회사 신용 상태, 거래 유무 등의 정보를 생각해볼 수 있습니다.

여러분들도 각자가 생각하는 정보를 생각해서 여러분에 맞는 고객 관리 정보를 추출해보시기 바랍니다.

자료를 분석해보면, 대부분의 자료는 텍스트지만 그렇지 않은 경우도 있습니다. 예를 들어 회사 로고는 이미지 파일로 관리해야 하고, 매출 규모는 숫자로 관리해야 합니다. 업종은 '전자', '컴퓨터', '기계', '토목', '건설'로 한정한 List로 보여주어야만 합니다. 또한 신용 상태도 'A', 'A+', 'B', 'B+', 'C', 'C+', 'D', 'D+' 등으로 구분할 수 있습니다. 따라서, 업종과 신용 상태는 설명 내용과 동일한 온톨로지를 생성하시길 바랍니다.

사용자 화면은 현재까지 등록한 고객 목록을 먼저 보여주고, 신규 고객이면 등록하는 입력 폼 화면으로 넘어가 입력할 수 있도록 처리합니다. 또한 기존 자료를 수정할 경우에도 입력 폼 화면을 이용하여 기존 자료를 표출해주고, 필요한 필드 값을 변경함으로써 수정 작업을 처리하도록 합니다.

위에 내용을 정리하면 고객 목록 조회 화면(Customer View), 고객정보 등록 화면(Customer Form), 고객정보 List(Customers)를 만들고 처리 로직을 구현하는 플로우 차트를 만드는 실습이 되겠습니다.

플로우 차트를 완성하신 후에 Preview를 통해 작성된 플로우 차트를 테스트하시길 바랍니다.

이후에도 지속적으로 사용될 주요 컴포넌트를 활용한 기초적인 노 코드 개발 기법을 숙지하시길 바랍니다.

② 사용자 화면 구성

▶ 고객 현황 화면

▶ 고객 등록 및 수정 화면

▶ 고객정보 상세 조회 화면

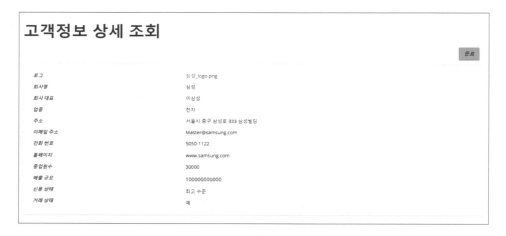

③ 데이터 모델 구성

▶ 고객정보 리스트(Customers)

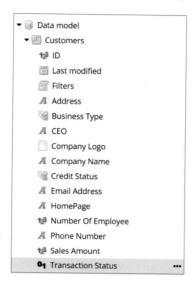

▶ 온톨로지 구성

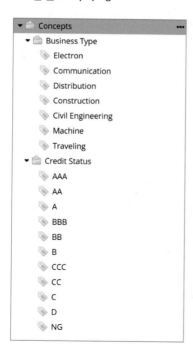

④ 플로우 차트

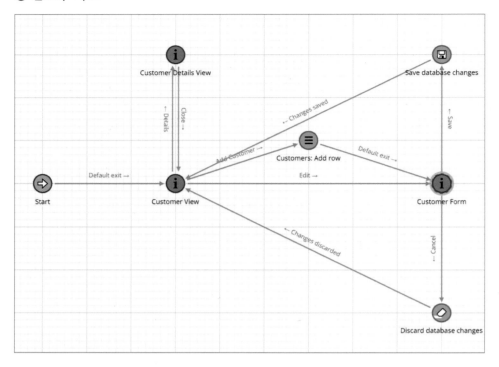

(2) 고객사의 영업담당자 관리

① 개발내용

우리 회사와 거래하고 있는 고객사의 영업담당자를 관리하는 프로그램을 고려
해봅시다. 이전 예에서 만든 고객 관리에 영업담당자를 등록하여 관리하는 기
능을 추가하고자 합니다. 영업담당자 관리에 필요한 정보를 도출하도록 합니
다. 고객사 영업담당자를 관리하는 목적은 원활한 업무 처리를 위한 상시 접촉
유지입니다.

이러한 관점으로 보면 영업 대표 이름, 소속 부서, 직위, 생일, 결혼 여부, 결혼

기념일, 핸드폰 번호, 유선 또는 IP 전화번호, E-mail 주소, 실거주지 주소 등 연락에 필요한 정보들로 구성됩니다.

직위는 전무, 상무, 이사, 부장, 과장, 대리, 사원만 등록할 수 있도록 처리되어야 합니다.

사전 조건으로 고객사가 등록되어 있어야만 영업담당자를 등록할 수 있습니다. 등록되어 있지 않으면 고객사 등록을 먼저 한 후에 영업담당자를 등록할 수 있습니다. 또한 고객 관리 프로그램에 영업담당자 관리 기능을 추가하여 개발하시면 됩니다.

따라서, 개발 프로그램은 영업담당자 목록(Contact Person List), 영업담당자 등록 및 수정(Contact Person List) 화면과 영업담당자(Contact Person) 리스트로 구성됩니다.

위의 정보를 참조로 하여 프로그램을 구현해주시기를 바랍니다.

② 사용자 화면 구성

▶ 영업담당자 현황

(삼성) 영업 담당자 현황

영업담당자 ▲	소속부서	직위	이메일 주소	스마트폰 번호	주소
권용빈	중국영업팀	과장	youngbin@gmail.com	0102223333	대전시 중구 은행로 101 은행오피스텔 107호
남궁민	국내영업1팀	과장	ngm111@naver.com	0103333444	대전시 서구 청사로 228 청사오피스텔 507호
남궁호	국내영업2팀	부장	ngh4090@naver.com	0101113333	대전시 서구 청사로 228 청사오피스텔 507호
이예진	구주영업팀	부장	yejin@gmail.com	01044488888	대전시 서구 둔산로 201 둔산아파트 1101호
정영규	해외영업1팀	이사	junggu@naver.com	0104447777	대전시 서구 가경로 118 가경아파트 2101호

▶ 영업담당자 등록 및 수정

③ 데이터 모델 구성

▶ 영업담당자 리스트(Contact Person)

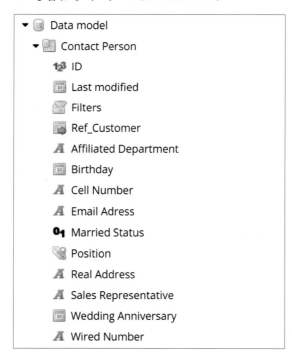

▶ 온톨로지 구성(Position Type)

④ 플로우 차트

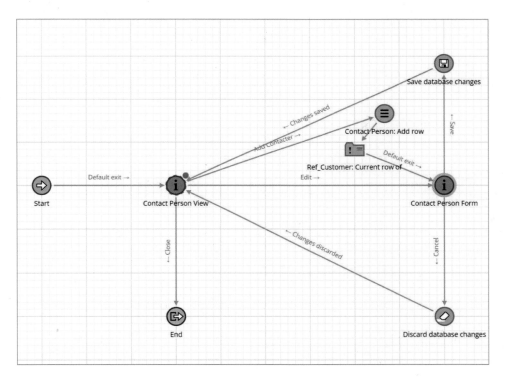

복잡한 화면 및
자료 처리 구현

표현식 활용

(1) 표현식이란

표현식은 값을 계산하거나 결정을 내리는 데 사용할 수 있는 한 방식입니다.
표현식들은 마이크로소프트 엑셀 안의 수식들과 흡사하게 작동합니다.
예를 들어 이 표현식은 필드 1과 2가 동일한지 확인할 건데 맞을 경우 참으로,
서로 다를 경우 거짓으로 나타낼 것입니다.

[field] = [field2]

① 표현식 Editor

표현식 에디터는 표현식을 입력하고, 입력된 표현식을 확인하기 위해 사용됩니다. 표현식 에디터는 전부 타자할 필요 없이 기능이나 필드를 완성해주는 자동완성 기능을 제공합니다.
표현식 에디터는 WEM 안에 다양한 객체에서 사용됩니다. 예를 들면 다음과 같습니다.

- Assignment 노드
- Decision 노드
- 리스트의 검색 및 필터링
- 컴포넌트의 가시화
- Conditionals
- 라벨

에디터(**Editor**) 화면

여기 이용 가능한 기능을 보여주는 자동완성 기능이 있는 표현식 에디터를 볼 수 있습니다. 표현식 복사, 자르기, 붙이기를 하기 위해 표현식 에디터 안에 있는 버튼을 사용할 수 있고 유효성 검사를 할 수도 있습니다.

⑵ 표현식 구성요소

① 함수

표현식 에디터에 있는 기능들은 지정한 순서로 특정한 값을 사용하는 계산을 수행하는 사전 정의된 공식입니다. WEM은 데이터 안의 조건들을 빠르게 평가하기 위해 사용될 수 있는 일반 기능들을 많이 포함하고 있습니다.

Functions	Description
Toupper()	Converts text to uppercase. ToUpper("MoDeler") Returns "MODELER"
Substring()	Returns a subset of a text. Substring("Important", 2, 4) Returns "port"
Today()	Returns the current date.
Hasvalue()	Checks whether a field or list is not empty and returns true if value is not empty. **HasValue([List])** Returns true if the list has rows and false if the list has 0 rows

② 연산자

표현식 에디터 내의 연산자들은 동작을 나타내는 부호인데, 예시로 '+'는 덧셈을 나타내는 산술 연산자입니다. WEM 내에서는 값들을 비교하기 위해 사용되는 여러 논리 연산자들도 있습니다.

Operators	Description
(+)	Addition is used to add several values. e.g. Value1 + Value2 + Value3 + ...
(-)	Subtraction is used to subtract several values. e.g. Value1 – Value2 – Value3 - ...
(*)	Multiplication is used to multiply several values. e.g. Value1 * Value2 * ...
(/)	Division is used to divide several values. e.g. Value1 / Value2 / ...
(=)	The equality operator is used to check whether two values are equal. The values can be of any type, as long as the operator is applied to values of the same type. When used with a text field this check is NOT case-sensitive and ignores accent marks. e.g. 35 = 35 Returns true e.g. "Hello World" = "Hello, World" Returns false

③ 키워드

WEM에 있는 키워드는 특별한 의미를 지닌 단어입니다. 키워드는 어플리케이션 내에서 논리적인 흐름을 만들거나 데이터를 집계하기 위해 사용할 수 있는 명령 혹은 파라미터입니다.

Keywords	Description
if	The if keyword adds a condition to the expression. e.g. "If [YesNoField] = True Then "Yes" Else "No" "
contains	The contains keyword checks if a text, or concept set contains a value. e.g. "Because you're mine, I walk the line" contains "in" Returns true, because "in" is found in "mine" and "line"

(3) 주요한 표현식 활용 장소

① 컨디셔널(Conditional)

컨디셔널은 표현식으로 명시한 조건에 기반해 일부 정보를 보여주기 위해서 여러분의 폼 위에 사용되는 제어 기능입니다.

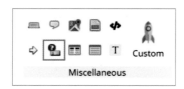

예를 들어 여러분은 어떤 사용자가 익명이었을 시를 제외하고 사용자가 로그인할 때 개인화된 환영 문구를 보여줄 수 있습니다.

컨디셔널은 표현식의 결과에 따라서 3가지 옵션 중에 하나를 보여줄 수 있습니다. 이러한 것들은 컨디셔널 컴포넌트의 도구 제어 내에서 개별적으로 활성화할 수 있습니다.

- Show when true: 입력된 조건문이 참일 때 이 부분을 보여줌
- Show when false: 입력된 조건문이 거짓일 때 이 부분을 보여줌
- Show when unknown: 필드가 데이터를 포함하지 않거나 다른 이유로 조건문이 참과 거짓을 판정하지 못할 때 이 부분을 보여줌

② 필터

Datagrid 또는 Repeater 컴포넌트 내에 출력된 행의 개수를 제한하기 위해, 예를 들어서 18세 미만인 사용자의 Datagrid를 보여주기 위해 필터 표현식을 사용할 수 있습니다. 해당 Datagrid에 대한 속성 내에 필터 표현식을 입력할 수 있습니다.

여기서는 현재 날짜를 표현하는 Today() 함수와 생일([Customers.DateOfBirth]) 간 총 연수를 계산해주는 DateDiff() 함수를 사용해봤습니다.

만약 표현식의 결과가 참이면 필터는 같은 표현식에 의해 수행됩니다. 이 예시에서는 18세 미만인 레코드(사용자들)만 보여줍니다. 만약 거짓이면 필터는 멈추고 아무 결과도 보여주지 않습니다. 사용자를 위해 필터가 적합하게 작동하길 원하면 '아무 결과도 찾지 못함' 또는 '18세 미만인 사용자가 없습니다' 같은 메시지를 가진 컨디셔널을 사용할 수 있습니다.

▶ 저장된 필터

그렇다면 동일한 필터를 여러 곳에서 사용하기 위해서는 어떻게 해야 할까요? 여러 번 동일한 필터문을 입력해야 할 수도 있고, 만약 변경할 필요가 있다면 해당 표현식들을 찾아 업데이트해야 할 수도 있습니다. 하지만 항상 그랬듯이 WEM에서는 보다 좋은 방법이 있습니다. 어플리케이션 내에서 사용될 수 있는 기준 필터를 만들 수 있습니다. 저장된 필터는 데이터 모델 내에 설정될 수 있습니다.

▶ 검색 내의 필터 이용

WEM에서 검색은 Datagrid나 Repeater를 필터링함으로써 수행하는 것을 말합니다. 여러분도 검색 기능을 만들기 위해 필터 표현식을 사용할 수 있습니다. 대개 검색 쿼리는 사용자 중심적입니다. 한 사용자가 하나 또는 더 많은 검색 단어를 입력하고 '검색' 버튼을 클릭하거나 엔터키를 누릅니다.

검색은 입력 화면을 필요로 합니다. WEM에서는 검색 기능을 실행하기 위해 입력 폼을 사용할 수 있습니다. 그래서 입력 필드는 필터에 정보를 주기 위해 사용될 수 있습니다. 필터를 실행하기 위해서는 '화면 새로 고침 동작'이 반드시 수행되어야만 합니다. 이 동작은 '검색 버튼'이나 '엔터키'를 누름으로써 실행됩니다.

③ 계산

필드에 기반한 계산을 만들기 위해 표현식을 사용할 수 있습니다. 예로서 고객

주문을 보여주는 Datagrid에서 총 가격 열을 포함하길 원할 때 표현식이 사용됩니다.

UI 노드에서 표현식을 입력할 수 있는 라벨을 Datagrid(또는 폼의 다른 요소를) 추가할 수 있습니다. 제품 가격 및 수량 필드가 있는 주문 상세 목록의 경우 '**제품 가격 * 수량**'의 표현식을 사용하여 개별주문 항목에 대한 총액을 계산할 수 있습니다.

▶ 계산 필드

폼 컴포넌트에서 계산을 이용하는 것은 집계 방식으로 어떤 정보를 보여주는데 유용합니다. 다른 많은 곳에서 해당 계산을 쓰지만 환율 계산을 포함하도록 변경할 때는 어떻게 해야 할까요? 해당 계산을 쓴 모든 곳을 찾아서 일일이 변경해야 합니다.

물론 여러 번 계산을 입력하는 것에서 구제해줄 또 다른 방식이 있습니다. 그것은 바로 계산 필드를 쓰는 것입니다.

다른 필드들과 마찬가지로 데이터 모델에 계산 필드를 추가하는데 이 필드들은 타입을 입력받을 수 있습니다. 계산 필드에는 필요한 계산 값을 만들기 위한 표현식을 입력해야만 합니다.

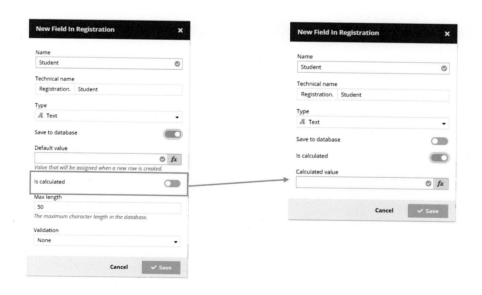

▶ 표현식 내 온톨로지 속성 이용법

표현식 내에 온톨로지 개념의 속성 값을 사용하기 위해서 다음 구조(한 계층 구조 내에 '개념': '속성이름' 또는 '부모개념'.'자식개념':'속성 이름')를 항상 사용합니다.

예로써 'Product category'. 'Electric': 'Icon'은 Icon 속성의 값을 반환합니다.

02
자료 처리 흐름

(1) 기존 자료 수정 방법

지난 세션에서 사용자 폼을 생성해봤는데, 최종 사용자 뷰 혹은 폼을 위한 모델에서 폼을 삽입하고 속성들을 제어할 수 있습니다. 또한 리스트에 데이터를 추가했고, 따라서 또한 데이터를 수정할 수 있어야 합니다.

수정하길 원하는 항목을 나열하는 UI 노드로부터 새로운 EXIT를 생성해보십시오. 이 EXIT는 버튼 바 위에 놓이면 안 되고, 수정하길 원하는 레코드 위에 놓여야 합니다.

UI 노드 자체의 리스트 컴포넌트(Datagrid나 Repeater 둘 중 하나)에서 여러분은 다음과 같이 할 수 있습니다.

- 다른 플로우 차트를 실행시키는 Datagrid 또는 Repeater 내에 버튼을 추가하거나
- Datagrid에 수정 EXIT를 처리하기 위한 속성 안에 'On Click' 동작 또한 설정하거나

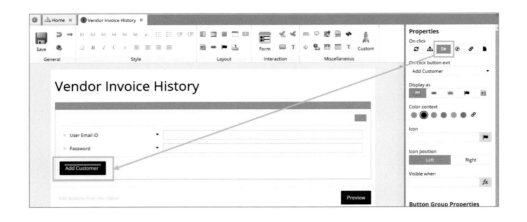

- 리스트 UI 노드와 폼 UI 노드 사이에 플로우 차트에서 'EXIT' 옵션을 연결할 수 있습니다.

(2) 팝업 화면 활용

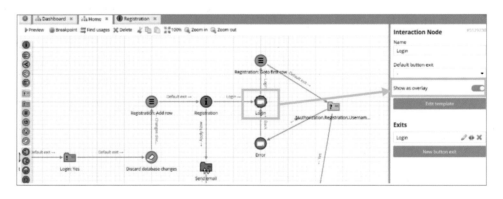

한 폼에서 완전히 벗어나지 않고 현재 있는 **폼의 위에 폼을 여는 것**이 더 편할 수 있습니다.

이런 활용은 현재 인터랙션 노드 위에 있는 일부 정보를 수정할 때 자주 사용합니다. 이러한 타입의 인터랙션 노드를 **오버레이**라고 부릅니다.

예시로 다음 화면을 참고해주세요.

오버레이는 어플리케이션을 시작하는 첫 번째 UI 노드가 될 수 없습니다. 오버레이는 반드시 오버레이가 아닌 UI 노드 위에서만 열립니다. 만약 기본 UI 노드를 보여주기 전에 오버레이로 시작한다면 오류 화면이 뜹니다.

(3) 기존 자료 삭제

존재하는 데이터를 수정하는 것과 유사하게 삭제도 폼에서 나가는 EXIT가 필요합니다. 삭제는 종종 데이터 그리드나 리피터 안에서 버튼으로 만들어집니다. 새로운 삭제 EXIT로부터 Delete Current Row 동작으로 설정된 리스트 노드로 갈 것입니다. 이 동작은 버튼을 클릭한 행을 삭제하며 리스트 노드에서 리스트로 다시 되돌아가게 합니다.

리스트 노드 동작을 처리하기 위해 항상 Save Database List Changes 노드로 리스트 노드 동작을 닫거나 진행시켜야 합니다.

⑷ 서브 플로우 차트 활용

반복적으로 사용하는 기능을 복제할 수 있습니다. 예를 들어서 '확정하시겠습니까?'라는 오버레이 UI 노드의 확인 절차만을 보여주는 새로운 플로우 차트를 생성할 수 있습니다.

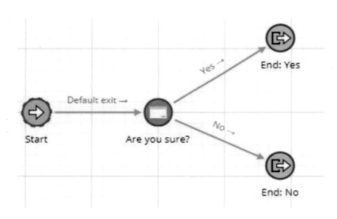

서브 플로우 차트는 일부 이벤트에 반응시킬 때 해당 서브 플로우 차트에서 특정 종료 노드를 넣을 수 있습니다. 예를 들어서 **'확정하시겠습니까?'** 대화창의 경우에 사용자가 '예' 또는 '아니오' 버튼을 누를 시 방향을 재설정할 수 있습니다. 이 예시에서 **'확정하시겠습니까?'** 오버레이는 두 개의 EXIT를 가질 수 있는데 각각 다른 종료 노드를 가리킵니다. 마스터 플로우 차트에서 삭제를 진행하거나 리스트로 되돌아가거나 둘 중 하나를 할 수 있습니다.

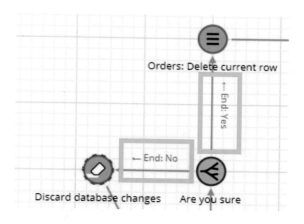

(5) DB의 자료 수정 처리

폼이 있는 UI 노드를 데이터베이스 리스트에 있는 데이터를 수동적으로 수정
하기 위해 사용할 수 있습니다. 최종 사용자는 데이터를 변경하고 저장할 수
있습니다(Save database changes Node로). 이는 사용자 입력으로 처리됩니다.

또한 새 값을 지정하거나 다른 필드에서 새 값을 선택하거나 UI 노드 내에 폼
을 사용하지 않고 존재하는 값을 수정할 수 있습니다. 이는 Assignment Node
로 처리됩니다.

예를 들어서 만약 항상 이메일 주소를 소문자로만 저장하면 최근에 입력받은
값들을 Assignment Node(사용자 입력을 받지 않고)를 통해 소문자로 변경할 수 있
습니다.

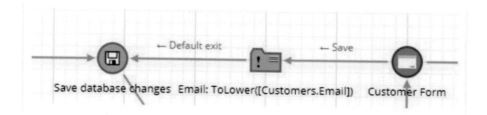

여기 사용자가 UI 노드에 있는 저장 버튼을 클릭하면 해당 텍스트를 소문자로 입력받는 표현식 함수(ToLower)가 있는 **Assignment Node**로 전달합니다. 이런 종류의 함수들이 있는 표현식을 만들기 위해서는 Assignment Node Action을 **Advance**로 설정해야 합니다. 그 후에 표현식 편집기로 들어가는 **fx** 버튼을 클릭할 수 있습니다. 이 버튼은 행들을 찾게 하는 공식을 넣고 데이터 및 다른 기능을 수정하게 합니다.

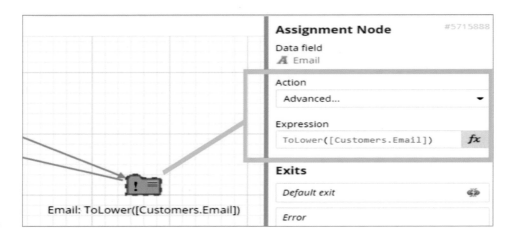

⑹ 필드 자료 할당

또 다른 예시는 필드에 한 데이터 리스트에서 다른 데이터 리스트로 값들을 지정하는 것입니다. 제품 리스트를 살펴봅시다. 한 데이터 그리드 또는 리피터로부터 제품을 선택하고 구매한다고 가정합시다. 제품을 선택한 후에 선택된 제품 상세 내역이 장바구니 임시 리스트 안에 저장될 텐데 이는 Assignment Node를 통해서 저장됩니다. 이 사례에서 장바구니 리스트 내에 있는 필드는 선택된 제품 필드의 값으로 지정됩니다.

쇼핑 카트 예시를 다시 보면, 먼저 사용자가 구매하기 버튼을 클릭했을 때 새 행이 쇼핑 카트 데이터 리스트에 추가됩니다. 그다음에 쇼핑 카트 데이터 리스트의 필드인 제품명 및 가격은 제품 데이터 리스트 필드의 제품명 및 가격으로 지정됩니다.

03
파일 자료 로딩

(1) 파일 자료 타입의 이해

파일은 파일 필드를 사용하는 어플리케이션의 부분으로 전달할 수 있습니다. 해당 필드 안에 파일을 참조 및 저장할 수 있으며 파일 타입 및 용량 제한을 정의하는 기준을 설정할 수 있습니다.

만약 파일 필드가 데이터베이스 리스트에 있다면 어플리케이션에 파일이 저장

됩니다. 만약 파일 필드가 임시 리스트에 있다면 파일은 저장되지 않습니다. 그러나 해당 필드에 넣고자 선택된 원본 파일에는 영향이 가지 않습니다.

(2) 임시 필드 활용

임시 리스트처럼 임시 필드는 어플리케이션이 작동되는 동안 이용하는 정보를 저장하기 위해 사용됩니다. 그러나 해당 필드의 내용물은 데이터베이스에 저장되지 않습니다.

임시 필드의 내용물은 세션이 닫힌 후에 삭제됩니다. 임시 필드는 파일에 있는 데이터를 불러올 때 유용합니다. 이는 사용자가 자신이 원하는 파일을 선택하고 파일을 저장하지 않으면서 내용물을 불러낼 수 있게 하기 때문입니다.

⑶ 로딩 문서 타입

WEM은 다른 파일 소스들에 있는 데이터를 불러낼 수 있습니다.

Excel Files	You can import data from your Excel tables very easily without converting your original Excel file.
CSV Files	CSV (Comma Separated Value) files are text files which separate the values with a comma. This type of file is very common, and you can usually export data from many applications using this method.
Json Files	JSON (JavaScript Object Notation) files are used in many development environments to share data between applications
XML Files	XML (eXtensible Markup Language) files are a type of file used to share data between applications.
SOAP Web Services	SOAP web services are a method of sharing information in real time between applications, often between a user application and a server, however they can also be used for server to server communication without a users' intervention. SOAP uses the same structure as an XML file
REST Web Services	REST web services are similar to SOAP web services, and are a very common, light weight way of sharing information. REST uses the same structure as a JSON file.
Odata	OData is an open protocol to allow the creation and consumption of data between applications.

⑷ Import Data 노드 활용

엑셀 파일에 있는 데이터 불러오기는 Import Data Node로 이루어집니다. 이 노드는 파일 내용물을 읽고 그 내용물을 추가하길 원하는 리스트에 데이터를 매핑할 수 있게 합니다.

Import Data Node로 엑셀 파일을 불러낼 때는 다음과 같은 것들을 유의해야 합니다.

- 파일 형식을 CSV/마이크로소프트 엑셀로 설정해야 하고(이 옵션은 또한 플로우 차트에 해당 노드를 끌어다 놓았을 때에도 볼 수 있습니다)
- 엑셀 파일을 포함할 임시 필드를 생성해야 하고
- 임시 필드에 데이터 소스를 설정해야 하고
- 엑셀 파일이 불려질 데이터 리스트를 설정해야 하고
- 엑셀 파일을 열 데이터 리스트 필드로 매핑해야 합니다.

Import Data Node는 다른 파일 형식도 지원하며 몇몇 타입들은 불러낼 때 다른 옵션을 가집니다.

04
데이터베이스 리스트 활용

(1) 서브 리스트

① 서브 리스트 활용 사유

TO-DO 목록 관리를 위한 웹 어플리케이션을 만든다면 이 어플리케이션은 TO-DO 정보뿐만 아니라 그에 속하는 상세 활동들도 저장할 것입니다. 해당 활동들을 할 일 목록에 바로 추가할 때(아래 예시처럼) 머지않아 문제에 직면할 것입니다. 상세 활동들을 저장하는 데이터 필드에 활동1부터 활동10까지를 가지고 있다고 가정하겠습니다. 이 필드에 13개 활동들을 신규 할 일 항목으로 입력할 때에는 무엇을 해야 할까요? 더 많은 활동들을 저장하기 위해서 데이터 리스트에 더 많은 필드들을 추가하여 수정해야 합니다. 이런 방식은 문제를 해결하기 위한 좋은 방식은 아닐 것입니다. 왜냐하면 충분한 유연성을 갖추지 못하기 때문입니다.

To-do	Due Date	Activity 1	Duration Activity 1	Activity 2	Duration Acctivity 2
Go Shopping	01-10-2019	Go to supermarket	1 hour	Go to Florist	0.5 hour
Call Suppliers	02-02-2019	Call Supplier A	0.5 hour		

이런 문제를 해결하기 위해서는 또 다른 방식으로 접근해야 합니다. 할 일 항목에 활동들을 추가하고 싶을 때 추가 열이 만들어지면 됩니다. 이 열에 할 일 항목에 맞는 활동을 추가합니다. 이 작업은 데이터 리스트에 활동이라고 불리는 각 TO-DO 항목을 추가합니다. 각 활동에는 이름과 기간이 있습니다. 이 과정에서 활동 '슈퍼마켓 가기' 및 Go to florist가 Go shopping 항목에 속한 것을 알 수 있습니다. 이 예시는 아래 사진에서 확인할 수 있으며 이를 서브 데이터 리스트 또는 List-in-List 기법이라고 부릅니다.

To-do	Due Date	Activities	
		Name	Duration
Go Shopping	01-10-2019	Go to Supermarket	1 hour
		Go to florist	0.5 hour
		Name	Duration
Call Suppliers	02-02-2019	Call Supplier A	0.5 hour

서브 데이터 리스트 기법은 데이터 리스트 안에 이른바 '부모-자식' 관계를 만드는 첫 번째 예시입니다. 이 기법은 데이트 그리드 및 폼을 만들 때 명확한 장점들을 가집니다.

예시인 **TO-DO** 데이터 리스트는 소위 부모 리스트입니다. 활동 데이터 리스트는 서브 데이터 리스트이죠. 아래에서 WEM 모델러 내의 이런 데이터 리스트 구조를 찾을 수 있습니다.

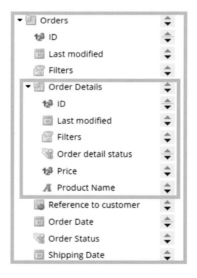

이 두 리스트를 모두 한 UI 노드에서 보여줄 수 있습니다. 여기에는 2가지 방식이 있습니다.

▶ Datagrid in Datagrid

이 옵션은 List-in-List 또는 서브 데이터 리스트가 어떻게 생겼는지 쉽게 보여줍니다.

▶ Separated Datagrids

주의할 점이 있습니다. 서브 데이터 리스트의 항목은 오직 활성화된 부모 레코드에만 보여집니다. 그 사례가 바로 주문 상세입니다.

다른 TO-DO 항목의 활동들을(서브 데이터 리스트에 있는) 보여주고 싶을 때에는 활성화된 부모 레코드를 수정해야 합니다. 이 작업은 부모 데이터 그리드에 On row 동작을 만들어야 실행됩니다. 예를 들어서 Refresh screen 옵션을 On row click 동작으로 설정하여 사용할 수 있습니다. 이 방식으로 WEM은 어떤 부모 레코드가 활성화되었는지를 '알게' 되고 그에 상응하는 서브 데이터 리스트 레코드를 보여줍니다.

② Loop 노드 활용

Loop 노드는 자동으로 데이터 리스트를 순환하는 것이 필요할 때 사용됩니다. Loop 노드로 데이터 리스트 안의 모든 레코드를 검토할 수 있고 동작들을 수행할 수 있습니다. Assignment 노드와 조합하게 되면 매우 강력한 도구가 됩니다. 플로우 차트에 Loop 노드를 끌어다 놓을 때 순환할 리스트 또는 다중 선택된 필드를 선택해야 합니다.

여기엔 2개의 기본 EXIT가 있는데 Next Row Exit와 End of Loop Exit입니다.

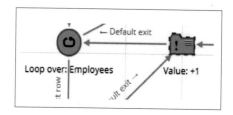

이 예시에서 어플리케이션은 직원 리스트 안에 각 행에 대한 UI 노드를 보여주고 순환의 종료 시점에 수정사항을 저장합니다.

(2) 리스트 참조

① 1 대 N 참조

▶ 왜 리스트 참조를 이용하는가?

이전 문단에서 List-in-List 또는 서브 데이터 리스트라고도 불리는 기법으로 존재하는 데이터 리스트 안에 추가 데이터 리스트를 더할 수 있다는 것을 배웠습니다. 이 방식으로 TO-DO 데이터 리스트에 활동 데이터 리스트를 포함할 수 있게 되었죠. 이 방식은 빠르고 단순한 해결책이지만 몇몇 사례에서는 이런 기법이 최선이 아닐 수도 있습니다. 예를 들어 다음과 같은 질문이 떠오를 수도 있습니다.

"어떤 활동이 가장 긴 기간을 가지는가?"

"모든 활동의 평균 기간은 무엇인가?"

"모든 활동의 총 기간은 무엇인가?"

이러한 질문들은 List-in-List 또는 서브 데이터 리스트 기법으로 답하기 쉽지 않은 것들입니다. 기억하십시오. 데이터 그리드 안에 활동 데이터 리스트를 보여줄 때 이 데이터 그리드의 내용물은 항상 선택한 TO-DO 항목에 따라 달라집니다. 위의 질문들에 답을 구해야 한다면 TO-DO 데이터 리스트에서 활동 데이터 리스트를 분리하고 두 데이터 리스트 간에 참조키를 사용하기를 권장합니다.

Activity Id	Name	Duration
1	Call Supplier A	0.5 hour
2	Go to florist	0.5 hour
3	Go to Shopping	1 hour

To-do ID	To-do	Due Date
1	Go Shopping	10-01-2020
2	Call Suppliers	11-01-2020

그러나 어떤 **활동**이 어떤 **TO-DO** 항목에 속한다는 걸 어떻게 알 수 있을까요? 이 의문은 활동 데이터 리스트에 **참조** 타입인 'Reference to To-do' 필드를 추가하여 해결할 수 있습니다. 참조 필드의 이름은 임의로 설정할 수 있습니다. 여러분들이 원하는 이름으로 설정할 수 있습니다.

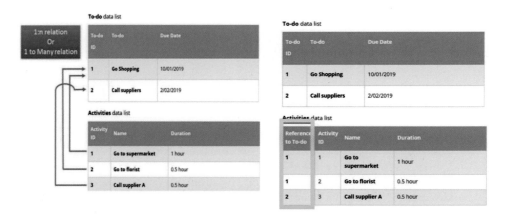

▶ 참조 필드란?

참조 필드는 데이터베이스 설계에서 이른바 **외부키**와 동일하게 동작합니다. 이 필드는 자식 리스트에 부모 리스트 참조를 제공합니다. 교육과정 대 후보자

예시의 사례에서 교육과정 리스트 안에 교육과정 외부키를 만들기 위해 참조
필드를 만들고 참조를 받는 리스트로써 등록 데이터 리스트를 선택했습니다.

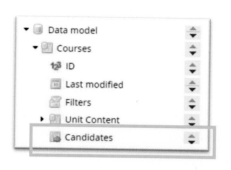

▶ 참조 연산자

참조 연산자인 ->를 부모 필드에 있는 필드 내용물을 보여주거나 이용하기 위
해 사용할 수 있는데, 이를테면 자식 데이터리스트데이터 리스트 안에서 사용
하는 것입니다. 예를 들어 위의 데이터 그리드 안에 활동 데이터 리스트를 보
여주고 참조 연산자를 사용할 때, 이런 식으로 나타납니다.

To-do data list

To-do ID	To-do	Due Date
1	**Go Shopping**	10/01/2019
2	**Call suppliers**	2/02/2019

Activities data list

Reference to To-do	Activity ID	Name	Duration
Go Shopping	1	**Go to supermarket**	1 hour
Go Shopping	2	**Go to florist**	0.5 hour
Call suppliers	3	**Call supplier A**	0.5 hour

할 일 이름 또는 할 일 항목의 만기일(ID 대신에)을 보여주고 싶을 때 해당 데이터 그리드와 상응하는 필드에다가 참조 연산자인 ->를 사용하면 두 내용물을 보여줄 수 있습니다.

▶ 서브 자료 리스트 이용 조건

서브 자료 리스트는 사용하기 쉽고 자료 관계를 더 많이 다룰 수 있습니다.

서브 자료 리스트에는 제한들이 있습니다. 서브 리스트로 작업할 시 활성화된 부모 리스트에 제한되기 때문입니다. 즉, 만약 관계가 맺어진 리스트에 다른 행으로 접근하거나 모든 부모 행에 걸친 데이터에 계산식을 만든다면 관계된 리스트가 더 나은 옵션일 수도 있습니다.

② N 대 N 참조 또는 다대다 참조

▶ 왜 다대다 참조를 이용하는가

Activities data list

Activity ID	Name	Duration
1	**Go to supermarket**	1 hour
2	**Go to florist**	0.5 hour
3	**Call supplier A**	0.5 hour
4	**Free time**	1.0 hour

1대 다(1:n) 관계에서 한 부모와 그 밑에 0개, 1개, 또는 다수의 자식이 있는 구조를 다루었습니다. 그래서 한 개의 TO-DO 항목이 많은 활동들을 가질 수 있었죠. 그와 반대로 한 개의 활동은 오직 한 개의 할 일 항목만 지정받았습니다. '다대다' 또는 n:n 관계를 나타내는 데이터베이스 관계 클래스가 있습니다. 이를 TO-DO 및 활동 예제를 활용하여 그려보겠습니다.

한 활동은 한 개의 TO-DO 항목만 지정될 수 있었습니다. 그러나 시간이 지나면서 동일한 활동을 다른 TO-DO 항목에 재사용될 수 있게 하고 싶습니다.

정리하자면, **'동일한 활동이 다수의 TO-DO 항목에 지정될 수 있다.'**

데이터베이스 시스템 내에서 다대다 관계는 중간 리스트(연결 리스트, 연관 리스트, 교차 리스트, 또는 교차 참조 리스트로 불립니다)로써 실행됩니다. 위에 활동과 할 일 항목 간의 다대다 관계인 예제의 사례에서 중간 리스트가 어떤 것인지 소개하겠습니다.

To-do data list

To-do ID	To-do	Due Date
1	Go Shopping	10/01/2019
2	Call suppliers	2/02/2019

위의 예제에서 활동인 자유시간은 여러 번 TO-DO 항목으로 쓰일 수 있습니다. 그러므로 다대다 중간 리스트를 생성할 필요가 있습니다.

중간 리스트는 활동과 TO-DO 리스트를 참고하는 참조 리스트를 가집니다.
활동에 4개의 자유시간을 두 TO-DO 항목인 Go Shopping과 Call suppliers
모두에 지정합니다.

To-do data list

To-do ID	To-do	Due Date
1	Go Shopping	10/01/2019
2	Call suppliers	2/02/2019

Activities data list

Activity ID	Name	Duration
1	Go to supermarket	1 hour
2	Go to florist	0.5 hour
3	Call supplier A	0.5 hour
4	Free time	1.0 hour

Many to many To-do Activities intermediate data list

To-do ID	Activity ID
1	1 (Go to supermarket)
1	2 (Go to florist)
2	3 (Call supplier A)
1	4 (Free time)
2	4 (Free time)

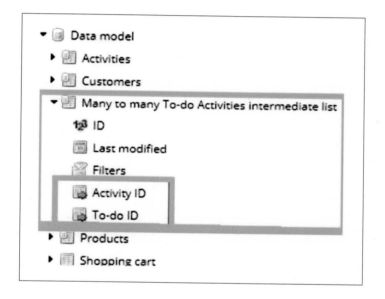

이 방식에서 어떤 데이터도 서브 자료 리스트와 관계가 있는 것처럼 복제할 필요가 없습니다.

(3) 리스트를 활용한 표현식 구현

① 로우의 값 얻기

표현식을 사용하여 어떻게 표현식 편집기가 리스트 값으로 계산식을 만들기 위해 사용될 수 있는지 논했습니다. 또한 표현식은 설정한 조건문에 기반해 리스트에서부터 특정 행이나 값을 선택하기 위해 활용될 수 있습니다.

To-do Data List

To-do ID	To-do	Due Date	Hours
1	Go Shopping	Jan 10 2020	2
2	Call supplier	Feb 2 2020	0.5
3	Ship orders	Jan 10 2020	6

이전에 사용했던 할 일 어플리케이션의 예제를 사용하면 이런 질문이 떠오를 수도 있습니다. "무슨 TO-DO 항목이 Shopping을 포함하는가?"
이 질문에 답하기 위해서 다음과 같은 수식을 사용해봅시다.

[To-do.To-do] of [To-do] where Contains([To-do.To-do], "Shopping")

이 표현식은 함수 Contains()를 모든 행의 TO-DO 이름을 검토하여 그 행들이 'Shopping'을 가지는지 판별하여 참 또는 거짓으로 출력합니다.
표현식 where절을 사용할 시 '예' 또는 '아니요' 를 출력하는 조건절을 염두해둬야 합니다. 이 사례에서 [To-do. To-do]가 단어 'Shopping'을 포함하고 있습니까?

② 리스트 필터

행을 출력하는 표현식은 필터에서 가장 자주 사용됩니다. 필터는 리스트에 출력되는 행의 수를 줄이는 방식입니다. 필터는 UI 노드인 리피터 또는 데이터 그리드 또는 'Go to First Row' 설정하고 List Node를 사용할 때 플로우 차트에서 실행됩니다. 한 필터를 자주 사용하면 리스트 안에 이름을 짓고 저장하여 공용 아이템처럼 만들 수 있습니다.

③ Of 키워드 및 함수 이용

일부 경우에서 모든 행을 가져오는 대신에 한 로우에서 특정 값을 가져오는 경우가 있습니다. 이런 타입의 표현식을 이용하여 '만기일이 2월 2일인 TO-DO 항목의 이름'을 알아낼 수 있습니다.
이럴 경우에 다음과 같은 표현식을 사용해보세요.

First([To-do.To-do] of [To-do] where [To-do.Due Date] = Date(2020, 02, 02))

이 표현식은 다음과 같은 특성을 갖습니다.

- Of 키워드를 모든 행 대신에 오직 특정 필드만을 선택하기 위해 사용합니다.
- 날짜를 계산하기 위해서 Date() 함수를 사용했습니다. 이 경우에는 2020년 2월 2일이며 만기일 필드와 비교합니다.
- 마지막으로 해당 날짜에 만기인 활동이 여러 개일 수도 있기 때문에 첫 번째 값만 출력하기 위해 First() 함수를 사용합니다.

일부 경우에서 값의 목록을 보여줄 때, 예를 들어서 1월 10일이 만기인 모든 할 일 항목의 목록을 만든다면 First() 함수를 사용하지 않을 것입니다. 대신에 다음과 같이 List() 함수를 사용할 것입니다.

List([To-do.To-do] of [To-do] where [To-do.Due Date] = Date(2020, 01, 10))

이 표현식은 1월 10일에 만기인 모든 할 일 항목 이름을 아래와 같이 쉼표로 구분된 리스트로 출력할 것입니다.

Go Shopping, Ship orders

표현식을 작성할 때 항상 단일 값을 출력할지, 또는 값의 목록을 출력할지를 생각해두는 것이 중요합니다.

④ 집계 함수 이용

집계 함수는 값의 목록을 가지고 단일 값을 출력합니다. 실제로 여러분은 집계 함수를 이미 사용해봤는데, 날짜의 목록에서 첫 번째 값을 출력하는 First() 함수가 있습니다.

이용 가능한 집계 함수들로는 이러한 것들이 있습니다.

Function	Description	Example	Returned Value
Average()	Calculates the average of a series of numbers, dates or durations	Average([Hours] of [To-do])	3
Count()	Calculates the number of value that have been returned	Count([Hours] of [To-do])	3
First()	Returns the first value in the list	First([Hours] of [To-do])	2
Last()	Returns the last value in the list	Last([Hours] of [To-do])	6
Max()	Returns the largest number, duration or date in the list	Max([Hours] of [To-do])	6
Min()	Returns the smallest number, duration or date in the list	Min([Hours] of [To-do])	2
Sum()	Adds all of the numbers or durations together	Sum([Hours] of [To-do])	8.5

To-do Data List

To-do ID	To-do	Due Date	Hours
1	Go Shopping	Jan 10 2020	2
2	Call supplier	Feb 2 2020	0.5
3	Ship orders	Jan 10 2020	6

위의 예제에 기반하여 만기일이 2020년 1월 10일인 할 일 항목의 수를 알고자 한다고 가정하겠습니다. 해당 결과는 2여야 합니다. 표현식은 다음과 같습니다.

Count ([To-do.To-do] of [To-do] where [To-do.Due Date] = Date(2020, 01, 10)) **Or**

Count ([To-do] where [To-do.Due Date] = Date(2020, 01, 10))

05

향상된 사용자 인터페이스 구현

(1) 개선된 UX 구현

① Widget이란

Widget은 사용자 인터랙션 컴포넌트로 매우 특수한 기능을 제공합니다. 예로 데이터 그리드 안에 자료를 보여주는 Widget 또는 지도를 보여주는 Widget 등 이 있습니다. Widget은 사용자 인터페이스 편집기의 중요한 부분입니다.

WEM 모델러는 폭넓은 Widget 모음집을 가지고 있을 뿐만 아니라 자체 Widget을 만드는 것도 가능합니다.

② UI 노드 편집기 기능 상세

▶ 일반 탭

일반 탭은 UI에서 복사하고 붙이고 저장하는 일반적인 기능을 가지고 있습 니다.

Save
Goto Node
Undo
Redo
Cut
Copy
Paste

▶ 스타일 탭

스타일 탭은 Rich Text Widget 안에 텍스트 스타일을 관리하기 위해 사용됩니다.

Text styles
Ordered List
Unordered List
Reduce Indentation
Increase Indentation
Clear formatting

Bold
Italic
Cite
Small
Text Alignment

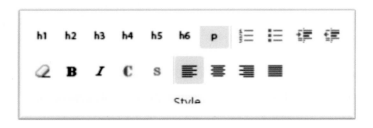

▶ 레이아웃 탭

레이아웃 탭 아이템들은 panel, alert, images 등으로 UI를 세련되게 가다듬는
데 사용됩니다. 뿐만 아니라 또한 adaptive columns와 tables도 있습니다.

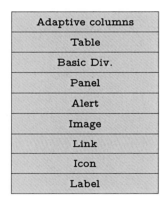

Adaptive columns
Table
Basic Div.
Panel
Alert
Image
Link
Icon
Label

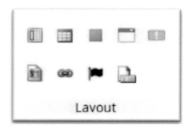

▶ 상호작용 탭

상호작용 탭 안에 있는 Widget으로 사용자 입력 폼 및 유효성 검사를 포함한
버튼도 만들 수 있습니다.

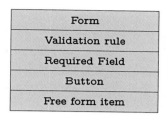

▶ Miscellaneous Tab

Miscellaneous Tab은 사용자 인터랙션 편집기 안에 사용할 수 있는 Widget들을 포함합니다. 가장 흔한 것은 데이터 그리드와 리피터 같은 Data Widget입니다. 우주선 Widget은 사용할 수 있는 Widget(사용자 정의 Widget 같은)을 포함하고 있습니다.

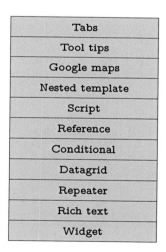

③ 레이아웃 기능 상세

레이아웃 탭에 있는 Widget들은 DIV, 블록, Alerts, Image 등처럼 Panel로 UI를 세련되게 가다듬기 위해 사용됩니다. 하지만 Adaptive Column 및 Tables로도 사용자 UI 화면을 정렬할 수 있습니다.

- Adaptive columns: 사용자 인터랙션 화면 구조를 Adaptive Columns으로 만들 수 있습니다. Adaptive Columns Widget을 사용자 인터랙션 템플릿에 끌어다 놓아주세요. 기본값으로 2개의 열이 있는 틀로 생성될 것입니다. 그러나 열 위에 커서를 갖다 대면 파란색 '+' 기호가 나타납니다. 클릭하여 열을 추가해보세요. 열 반응에 대한 적응형은 화면 사이즈별로 임의 설정이 가능합니다. 다음 속성을 임의로 설정하여 변경할 수 있습니다.

xs (extra small)	초기 스마트폰 화면에 맞춤 (예: 아이폰 3~5)
sm (small)	최근 스마트폰 화면에 맞춤 (예: 아이폰 6 및 그 이상)
md (medium)	화면이 큰 스마트폰 및 태블릿 PC에 맞춤

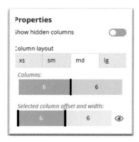

- Table: Table은 주로 하위 호환성을 유지하기 위하여 사용됩니다. HTML 초창기에 Table은 HTML 페이지 레이아웃을 관리하기 위해 (잘못) 사용되었습니다. 이제는 Adaptive Column을 사용하시길 권장합니다. Table에서는 열과 행을 추가할 수 있습니다.

Invisible	눈 아이콘을 클릭하여 열을 안 보이게 만들 수 있습니다. 열에 대한 렌더링은 부트스트랩에 기반하며 항상 왼쪽으로 정렬됩니다.

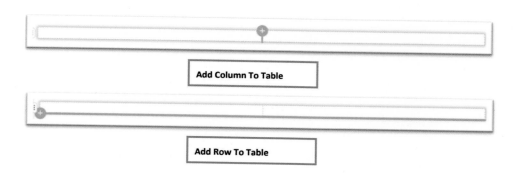

- Basic Div: Basic Div는 사용자 인터랙션 화면에 부트스트랩 색상(마스터 템플릿에 기반한 4개의 컨텍스트 색상)이 있는 단순한 블록을 생성합니다. 여기에 텍스트나 다른 요소를 추가할 수 있고 **On click 동작을 만들 수** 있습니다.

- Label: Label을 사용자 인터랙션 화면에 추가할 수 있습니다. 표현식을 표현식 편집기를 이용하여 Label 안에 넣어서 사용할 수 있습니다.
- Panel: 임의로 선택 가능한 header 및 또는 footer와 함께 블록 Panel을 생성합니다. Panel에 요소들(Rich Text 또는 그림)을 추가할 수 있습니다.

Panel
You can put block, text or other element in panel

Color context	header에 대한 부트스트랩 Context 색상
Smart margin	데이터 그리드가 블록 Panel 안에 사용되고 스마트 마진 옵션이 켜져 있으면 Panel은 데이터 그리드 주변 여백의 흰 공간을 없앱니다.
Body height (pixels)	0(표현하지 않음)은 삽입된 요소들의 높이에 따라 본문 높이를 조정합니다(유동적). 0이 아닌 값은 높이를 주어진 수의 픽셀로 맞춥니다.
Show collapse button	조건에 따라 Panel 블록의 본문을 접거나 펴도록 작은 화살표를 보여줍니다(Body is expanded when 참고).
Body is expanded when	수식이 입력되면 본문은 조건문이 참일 때 펼쳐집니다. 조건문이 거짓이면 Panel 블록은 안 펴진 상태로 유지됩니다. 아무런 조건문이 없을 때에도 Panel 블록은 안 펴진 상태로 유지됩니다(작은 화살표도 없이).

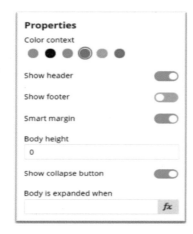

Alert	Panel과 유사하지만 header와 footer가 없습니다. Alert는 주로 조건문과 함께 조합되어 alert 메시지를 보여주기 위해 사용됩니다. 아이콘을(사전 정의된 위치에) 추가하고 4개의 부트스트랩 컨텍스트 색상을 선택할 수 있습니다.

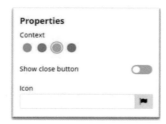

You can put any text or icon to show alerts or warning

- Link: 하이퍼링크를 사용자 인터랙션 화면에 추가하여 버튼, 하이퍼링크, 아이콘, 또는 이미지로 보여줄 수 있습니다.

④ 상호작용 기능 상세

상호작용 탭 안에 위젯으로 사용자 입력 폼 및 유효성 검사를 포함한 버튼을 생성할 수 있습니다.

- Form: Form Widget으로 데이터 모델에 있는 필드들을 기반한 데이터 입력 폼을 만들 수 있습니다. Form Widget을 끌어다 놓고 그 필드를 원하는 자리에 놓으십시오. 라벨 대 인풋 필드의 열 너비를 Form의 속성을 변경하여 조정할 수 있습니다. 변경사항은 화면 사이즈별로 조정될 수 있습니다.

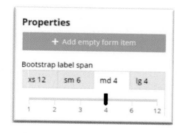

필드 라벨을 text literal 또는 표현식을 사용해서 변경할 수 있습니다. 또한 필수사항 필드 옵션은 해당 필드의 점을 클릭하여 활성화시킬 수 있습니다.

- 유효성 규칙: 유효성 규칙 위젯은 '(2) 자료 유효성 검증 및 오류 관리' 항목에서 다룰 것입니다.

- 필수사항 필드: 필수사항 필드 위젯은 '(2) 자료 유효성 검증 및 오류 관리' 항목에서 다룰 것입니다.
- 버튼: 버튼 출구와 함께 버튼을 생성합니다.
- 자유 폼 아이템: 빈 폼 아이템을 폼에 자유 폼 아이템을 끌어서 추가할 수 있습니다.

⑤ 기타 기능 상세

기타 탭은 UI 편집기 안에 사용할 수 있는 다른 Widget을 포함합니다. 자주 사용되는 것은 데이터 그리드와 리피터 같은 Data Widget입니다. 우주선 Widget은 사용할 수 있는 다른 Widget(사용자 정의 Widget 같은)을 포함하고 있습니다.

Custom

- Tabs: 탭으로 UI 화면 구조를 짜고 다른 화면 부분(Tab)으로 나눌 수 있습니다. 그러고 나면 사용자는 탭을 클릭하여 그에 상응하는 정보를 볼 수 있습니다. Tab은 사실 개념(단일 선택) 필드의 특수한 그래픽 표현입니다. 그래서 탭은 작동시킬 개념 필드가 필요합니다. 탭 클릭으로 해당 개념 값을 선택합니다. 다른 내용으로 넘어갈 때 조건문 내에 있는 선택된 개념 값을 사용하여 넘어갈 수 있습니다.

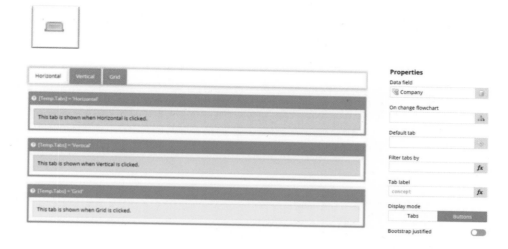

- 중첩 템플릿: 중첩 템플릿은 존재하는 사용자 인터랙션 템플릿 내에 있는 템플릿의 일부분을 (재)사용할 수 있게 합니다. 템플릿의 일부분은 UI 템플릿의 다른 일부분을 (재)사용하게 합니다. 템플릿의 일부분 혹은 중첩 템플릿을 사용할 때는 3가지의 주요 이점들이 있습니다.

1	사용자 인터랙션 화면을 한 번만 설계하여 다른 사용자 인터랙션 템플릿에 재사용할 수 있습니다.
2	최근 사용자 인터랙션 화면이 잘 정돈되어 보이는데 왜냐하면 모든 상세 사항들이 중첩 템플릿 안에 만들어지기 때문입니다.
3	사용자 인터랙션 화면이 템플릿의 일부분을 사용할 때 더 간소해지고 더 관리하기 쉽게 만들어집니다. 오직 템플릿의 일부분만 수정하면 수정사항들이 그 일부분을 사용하는 모든 사용자 인터랙션 화면에서 수정됩니다.

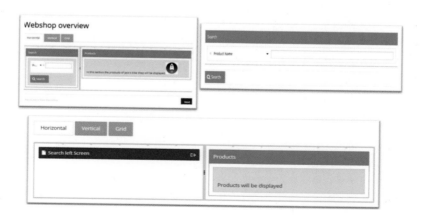

- 스크립트: 스크립트 Widget으로 HTML 코드 및 다른 스크립트 코드 (자바스크립트 같은 것)을 사용자 인터랙션 화면에 추가할 수 있습니다. 스크립트 위젯을 사용할 때 스크립트가 마스터 템플릿 설정을 덮어쓸(의도하든 의도하지 않았든) 수 있습니다. 스크립트 위젯을 끌어다 놓으면 아래와 같은 박스가 나타납니다. HTML 스크립트를 입력하거나 붙일 수 있는 표현식 편집기를 열기 위해 우측에 있는 화살표를 클릭하십시오.

```
</> Script: <style> .modal-content { position: relative; background-color:#1f7a7c ; border: 1px solid #999999; border: 1px... ▾
```

```
✂ 🗐 🗎  ✔ Validate                                                                    ▲
 1   <style>
 2   .modal-content {
 3     position: relative;
 4     background-color:#1f7a7c ;
 5     border: 1px solid #999999;
 6     border: 1px solid rgba(0, 0, 0, 0.2);
 7     border-radius: 6px;
 8     -webkit-box-shadow: 0 3px 9px rgba(0, 0, 0, 0.5);
 9     box-shadow: 0 3px 9px rgba(0, 0, 0, 0.5);
10     background-clip: padding-box;
11     outline: 0;
12   }                                                                                 ▼
```

- Rich text: Rich Text Widget으로 리치 텍스트를 UI 화면에 있는 요소에 추가할 수 있습니다. 예를 들어서 Panel 블록의 제목 안에 추가할 수 있습니다.

⑵ 자료 유효성 검증 및 오류 관리

① 유효성 검증 필드

▶ 데이터의 유효성 검증 이유

인터랙션 노드를 생성할 때 데이터를 모으려고 폼을 생성합니다. 이때 입력된 데이터가 정확하고 완전한지 알아볼 필요가 있습니다. 분리된 화면에서 데이터를 점검하기보다는 필드가 유효하지 않다는 걸 나타내도록 폼에서 주의 메시지를 보여주는 것이 일반적입니다.

▶ 입력 요구 필드

입력 요구 필드는 입력을 성공적으로 완료하기 위해서 반드시 채워야 하는 필드입니다.

입력 요구 필드 유효성 검증을 추가하려면 요구 필드 Widget을 Form에 끌어와야 합니다. 이때 해당 요건에 맞는 완성을 위해 사용자에게 반드시 채워야 하는 필드로 유도합니다.

아래의 예제에서 사용자가 이름 필드를 완성하는 폼이 있습니다. 만약 사용자가 이름 필드를 완성하지 않고 제출한다면 에러 메시지가 나타날 것입니다.

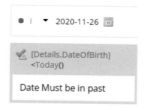

▶ 유효성 검증 규칙

유효성 검증 규칙 Widget은 폼에 입력하는 데이터를 검증할 때 더 유연한 처리를 가능하게 합니다.

만약 유효성 검증 규칙이 거짓으로 출력된다면 오류 메시지가 뜨고 폼이 멈출 것입니다. 만약 유효성 검증 규칙이 참으로 출력된다면 아무런 메시지가 뜨지 않고 폼은 계속 작동할 것입니다.

정보1	유효성 검증 규칙과 입력 요구 필드에 대한 유효성 검증은 사용자 인터랙션 화면이 버튼 (출구)를 통해 빠져나갈 때 발동합니다.
정보2	유효성 검증 규칙과 입력 요구 필드에 대한 유효성 검증은 버튼 출구에 'Ignore user input'으로 설정되면 무시됩니다.
정보3	유효성 검증 규칙과 입력 요구 필드에 대한 유효성 검증은 새로고침으로 설정되면 폼 필드가 수정될 때마다 발동합니다.

On change

▶ 노드의 오류 처리

오류 발생 이유	폼에 데이터 입력이 완료되고 정확함에도 오류가 발생할 수도 있습니다. 오류에 대한 예시로는 아래와 같은 경우가 있습니다. - 리스트 내에 존재하지 않는 행에 가기(예: 특정 단어를 검색할 경우) - 외부 파일로부터 불완전한 데이터를 불러오기(예: 파일 형식이 올바르게 맞춰지지 않았거나 데이터가 올바르지 않을 경우)
오류 EXIT	플로우 차트 대부분 노드들은 한 노드 동작이 끝났을 시에 실행되는 기본 출구가 있습니다. 또한 수많은 노드들의 동작 동안 문제를 다루기 위해 사용할 수 있는 오류 출구들이 있습니다. 아래 예시에서 리스트 노드는 일정 조건에 맞는 회사 리스트의 첫 번째 행으로 가는 데 사용됩니다. 만약 조건에 맞는 행이 찾아진다면 기본 출구를 따라가고 회사 데이터가 사용자 인터랙션 노드인 회사 보기에 나타납니다. 만약 조건에 맞는 행이 리스트에 없다면 오류 메시지를 보여주는 오버레이 사용자 인터랙션 노드가 띄워집니다. 만약 오류 출구도 사용하지 않고 행도 찾아지지 않는다면 어플리케이션은 예상치 못할 동작을 할 것입니다. 그러므로 가능하면 오류 출구를 항상 실행하기를 권장합니다.

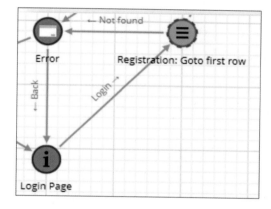

(3) 위젯 라이브러리

여러분은 이제 Widget을 사용해봤습니다. 사용자 인터랙션 노드에 추가한 모든 요소들이 바로 Widget입니다.

기본적으로 바로 활성화되는 Widget 외에도 여러분의 프로젝트를 위해 활용할 수 있는, 수많은 Widget 라이브러리가 있습니다.

Custom

사용자 인터랙션 화면의 Miscellaneous 탭에 있는 우주선 Widget을 끌어 놓으면 다음 팝업이 나타납니다.

현재 사용 가능한 Widget들이 보이고, 원하는 Widget을 선택하려면 라이브러리 중 하나를 열어야 합니다.

또한 어플리케이션 기능을 확장하기 위해 자체 Widget도 만들 수 있습니다. 그러나 여기에서는 다루지 않겠습니다. 왜냐하면 몇 가지 프로그래밍 언어들을 알아야 하기 때문입니다. 배우길 원한다면 Widget 만드는 법을 다루는 별도의 과정을 통해 배우시기 바랍니다.

라이브러리에 이용 가능한 위젯도 많이 있으며 이 위젯들을 사용하는 것만으로도 이전 사용자 인터랙션 노드 예제에서 봤던 것과 유사한 경험을 제공합니다. 그래서 가장 흥미로운 위젯 중에 2개를 다루도록 하겠습니다.

① GOOGLE MAPS

어플리케이션 컨텍스트에 사용자의 주소를 보여주는 지도를 포함해야 할 때가 있습니다.

이를 하기 위해서 Miscellaneous 탭에 있는 구글 지도 Widget을 사용자 인터랙션 노드에 추가할 수 있습니다.

- API Key: 지도 자바스크립트 API를 쓰기 위해 어플리케이션에 추가할 수 있는 API 키를 반드시 얻어야만 합니다. API 키는 사용법 및 청구서 발부를 위한 프로젝트에 연관된 API 요구를 추적하는 데 사용됩니다. API 키는 https://developers.google.com/maps/documentation/javascript/get-api-key에서 얻을 수 있습니다.
- Map Type: 원하는 지도 Widget의 스타일을 정의합니다.
- Scale: 어떤 축적 비율로 사용자 위치를 화면에 띄울 것인지 정의합니다.
- Show controls: 구글 지도 제어장치를 보여줄지 말지를 정의합니다.
- Responsive: 지도가 작은 화면에서(모바일 기기처럼) 어떻게 작동할 것인지 정의합

니다.

- Width and Height: 화면에서 지도의 크기를 정의합니다(pixels 단위).
- Marker mode: 구글 지도에 하나의 표시나 다수의 표시를 보여줄지를 나타냅니다.
- Marker Icon: 지도에 나타나는 아이콘입니다. 임의로 다른 표시를 다른 아이콘으로 보여줄 수 있습니다.
- Marker label: 표시 옆에 나타나는 라벨입니다.
- On marker click flowcharts: 표시 클릭 시 발동할 플로우 차트를 지정하면 버튼 출구처럼 작동합니다.
- Locate marker by: 표시를 어떻게 나타낼지 보여줍니다. 주소, 지리 위치(위도 및 경도 좌표), 또는 우편번호에 기반하여 보여줄 수 있습니다. 선택에 따라 추가적인 필드가 나타날 수 있습니다.
- Street: 주소를 Locate marker by 선택할 경우에 거리 주소, 건물 번호, 장소 및 나라 같은 주소 정보를 채워야 합니다. 데이터 리스트에 있는 데이터 필드를 주소 데이터처럼 이용하는 데 활용할 수 있습니다.
- House number: 주소에 대한 건물 번호 혹은 위치(주택 또는 건물)의 번호입니다.
- Place: 주소의 시, 군, 면(미국의 county, 일본의 현 등과 같은 개념입니다) 부분에 해당합니다.
- Country: 주소의 나라 부분에 해당합니다.

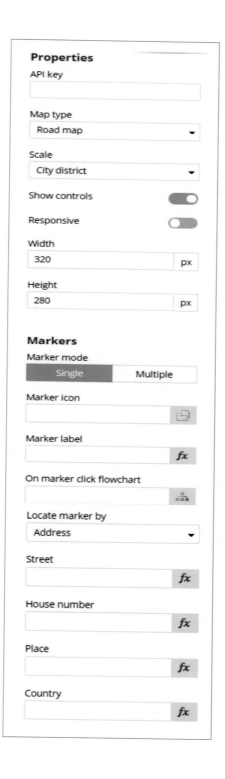

② CHARTS

많은 데이터를 가지는 어플리케이션일 때 차트 내에서 보여줄 수 있습니다. 한 번 차트 Widget 라이브러리를 활성화하고 나면 그 Widget들 중 하나를 삽입할 수 있습니다.

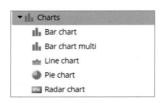

막대 차트 Widget을 예시로 들면 Widget 속성들을 화면 우측에서 확인할 수 있습니다.

- Source type: 리스트나 개념 집합에 있는 데이터를 넣을 수 있습니다.
- Data source: 차트로 만들 값들을 포함한 데이터 리스트 또는 개념 집합입니다.
- Value: y축을 구성하고 차트로 만들 값을 가지는 리스트 내의 필드입니다.
- Label: x축을 구성하며 값 이름을 가지는 리스트 내의 필드입니다.
- Width and Height: 사용자 인터랙션 노드에 나타날 차트의 크기입니다(pixels 단위).
- Color and Highlight Color: 차트의 색상입니다.
- Label decimals: 라벨에 있는 값이 숫자일 시 소수점을 얼마만큼 많이 표시할 지 정의합니다.
- Label prefix and Label Postfix: x축에 있는 각 라벨 전후에 배치될 텍스트를 정의합니다.

06
프로그램 실습

(1) 과일 카탈로그 프로그램

① 개발내용

과일을 판매하고, 과일 판매 실적을 관리하는 프로그램을 작성하고자 합니다. 먼저 우리가 소비자에게 판매하는 과일의 정보 목록을 만들어야 합니다. 생각해보아야 할 과일의 정보에는 카테고리, 과일 이름, 단가, 수량, 총 금액, 사진 등이 있습니다.

자료를 분석해보면, 대부분의 자료는 텍스트지만 그렇지 않은 경우도 있습니다. 예를 들어 과일 사진은 이미지 파일로 관리해야 하고, 수량은 숫자로 관리해야만 합니다. 카테고리는 '사과', '토마토', '감귤' 등으로 한정한 List로 보여주어야만 합니다. 따라서 카테고리는 온톨로지를 생성하시길 바랍니다.

메인 화면에서는 현재까지 등록한 과일 카탈로그 목록을 먼저 보여주고, 신규로 추가할 과일이면 등록하는 입력 폼 화면을 넘어가 입력할 수 있도록 처리합니다. 또한 기존 자료를 수정할 경우에도 입력 폼 화면을 이용하여 기존 자료를 표출해주고, 필요한 필드 값을 변경함으로써 수정 작업을 처리하도록 합니다.

위의 내용을 정리하면 과일 재고 및 판매 뷰(Fruit On Hand and Sale View), 과일 재고 등록 화면(Fruit On Hand Form), 과일 재고 (Fruit On Hand) List를 만들고 처리 로직을 구현하는 플로우 차트를 만드는 실습이 되겠습니다.

'Fruit Catalogue Program' 폴더를 생성하셔서 플로우 차트를 관리하시길 바랍니다.

그리고 플로우 차트를 완성하신 후에 Preview를 통해 작성된 플로우 차트를 테스트하시길 바랍니다.

② 사용자 화면 구성

▶ 과일 카탈로그 목록 화면

▶ 과일 등록 화면

과일 상품 추가 폼

과일 이름 *

사진 *   Browse...

수량 *

단가 *

카테고리 *   사과   ⌄

Save   Cancel

▶ 과일 수정 화면

과일 상품 추가 폼

과일 이름 *   [산지직송]껍찔째 먹는 세척 꼬마사과

사진 *   👁 [산지직송][산들네]껍찔째 먹는 경북 세척 꼬마사과....   🗑

수량 *   1000

단가 *   1500

카테고리 *   사과   ⌄

Save   Cancel

③ 데이터 모델 구성

▶ 과일 재고(Fruit On Hand)

▾ 🖻 Fruit On Hand
    🔢 ID
    📅 Last modified
    📧 Filters
    🔢 Amount
    🏷 Category
    𝐴 Fruit Name
    📄 Picture
    🔢 Quantity
    🔢 Unit Price

▶ Temporary Field 구성

▾ 🗀 Temporary
    🏷 Category

▶ 온톨로지 구성

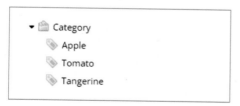

▾ 🗂 Category
    🏷 Apple
    🏷 Tomato
    🏷 Tangerine

④ 플로우 차트

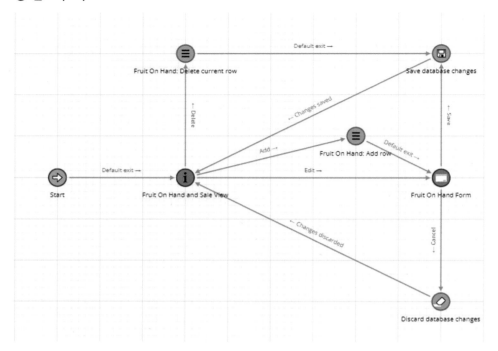

⑵ 과일 재고 업로드 및 다운로드

과일의 재고 자료를 업로드 및 다운로드할 수 있는 프로그램을 고려해보도록 합시다. 이전 예에서 만든 과일 카탈로그 목록에 과일 재고 업로드 및 다운로드 기능을 추가하고자 합니다. 과일의 재고를 업로드 및 다운로드하기 위해서는 별도의 Excel 파일이 필요합니다. 저희가 개발하는 업로드 및 다운로드 프로그램에서는 현재 판매되고 있는 과일만의 재고를 업로드하려고 합니다. 그렇기 때문에, Excel 파일에서는 재고에 입력되어 있는 과일 이름, 단가를 유지해야 합니다.

기존의 과일 카탈로그 목록을 유지하기 위해서는 다운로드 기능을 먼저 구현해주시길 바랍니다.

과일 재고 목록을 다운로드하면 현재 과일 재고 List에 등록되어 있는 정보가

Excel에 저장되어 있습니다. 다운로드는 다운로드를 하는 행위가 Exit이기 때문에 별도의 Exit를 지정하지 않으셔도 됩니다. 대신, 팝업창을 닫기 위하여 닫기 버튼은 활성화시켜주시기 바랍니다. 또한, 과일 재고 목록을 업로드하면 현재 과일 카탈로그 목록의 수량에 재고 목록의 수량이 추가되도록 개발하시면 됩니다.

따라서 개발 프로그램은 과일 재고 및 판매 뷰(Fruit On Hand and Sale View), 과일 재고 업로드 서브 플로우 차트(Fruit On Hand Upload Flowchart), 과일 재고 다운로드 서브 플로우 차트(Fruit On Hand Download Flowchart)와 과일 재고 (Fruit On Hand) List, 임시 과일 재고(Temp Fruit On Hand) List로 구성됩니다. 위의 정보를 참조하여 프로그램을 구현해주시기 바랍니다.

'Fruit Upload and Download' 폴더를 생성하셔서 플로우 차트를 관리해주시기 바랍니다.

① 사용자 화면 구성

▶ 파일 다운로드

▶ 파일 업로드

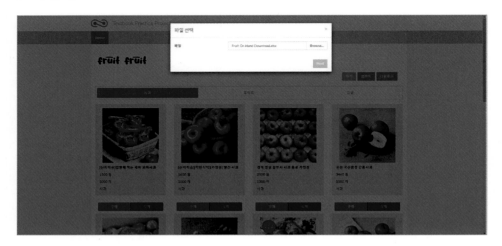

▶ 임시 과일 재고 화면

▶ 파일 업로드가 적용된 과일 카탈로그 목록 화면

② 데이터 모델 구성

▶ 과일 재고(Fruit On Hand)

▶ 임시 과일 재고(Temp Fruit On Hand) 및 Temporary Field

③ 플로우 차트

▶ 업로드 및 다운로드 서브 플로우 차트 추가

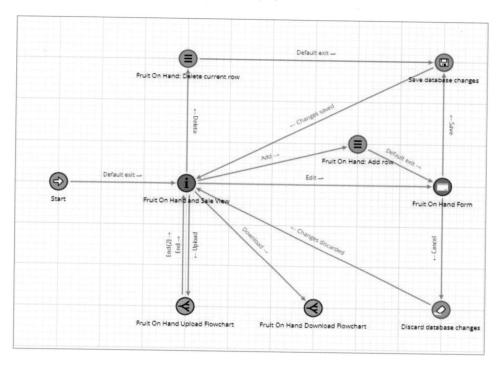

▶ 파일 다운로드 서브 플로우 차트

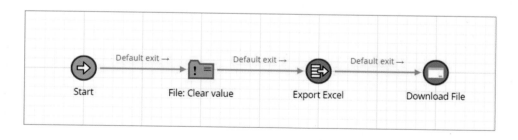

▶ 파일 업로드 서브 플로우 차트

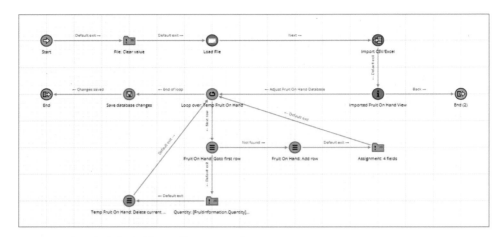

Assignment Node

Add · Move up · Move down · Delete

Field	Action	Operand	
Category	Advanced...	[TempFruitOnHand.Category]	fx
Fruit Name	Advanced...	[TempFruitOnHand.FruitName]	fx
Quantity	Advanced...	[TempFruitOnHand.Quantity]	fx
Unit Price	Advanced...	[TempFruitOnHand.UnitPrice]	fx

Click or drop data field(s) here

Cancel   ✓ Save

(3) 과일 판매 및 출고 처리

① 개발내용

과일을 소비자에게 판매하고 출고하는 프로그램을 고려해 봅시다. 이전 예에서 만든 과일 카탈로그 목록에 과일 판매 및 출고 처리 기능을 추가 하고자 합니다. 과일이 판매된 후에는 반드시 출고의 기록이 남아야 합니다. 출고 관리에 필요한 정보를 도출하도록 합시다.

출고 관리는 과일 이름, 총 금액, 수량, 등록 날짜 등의 정보들로 구성됩니다.

소비자가 구매를 할 때는 반드시 수량이 입력이 되어야 합니다. 또한, 현재 재고 수량보다 소비자가 많이 구매하는 경우 현재 재고 수량을 확인 할 수 있어야 합니다. 소비자는 현재 재고 수량에 맞게 구매하고자 하는 수량을 변경 할 수 있습니다. 수량이 확정된 후, 주문 정보를 보여주면서 소비자에게 한번 더 주문 의사를 물어야 합니다. 소비자가 주문에 동의를 한다면 비로소 출고가 이루어 집니다. 과일이 출고가 되면 현재 재고에 반영되어야 합니다.

과일 재고가 전부 소진되면 SOLDOUT이 메인 화면에서 보이도록 합니다. 또한, 등록 날짜는 오늘 날짜로 자동으로 입력이 되도록 개발하시면 됩니다.

따라서, 개발프로그램은 과일 재고 및 판매 뷰(Fruit On Hand and Sale View), 과일 판매 서브 플로우 차트 (Fruit Sales Flowchart), 과일 출고 서브 플로우 차트(Fruit Outbound List)와 과일 재고(Fruit On Hand) List, 과일 출고(Fruit Outbound) List로 구성됩니다.

② 사용자 화면 구성

▶ 수량 입력 여부

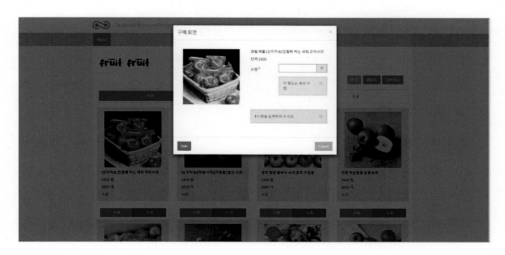

▶ 수량 체크 1

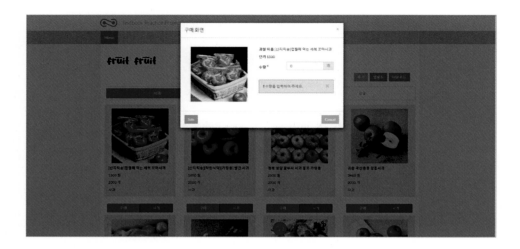

▶ 수량 체크 2

▶ 수량 변경

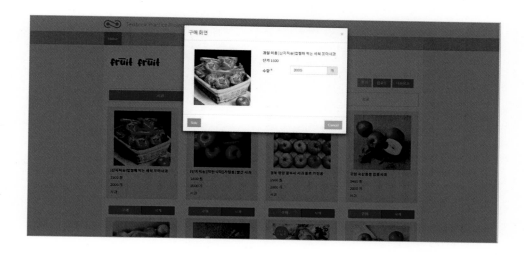

▶ 주문 동의

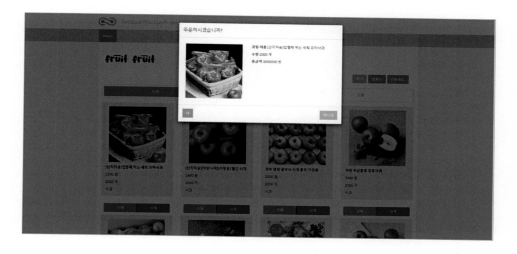

▶ 과일 출고 목록

▶ 과일 카탈로그에 적용된 화면

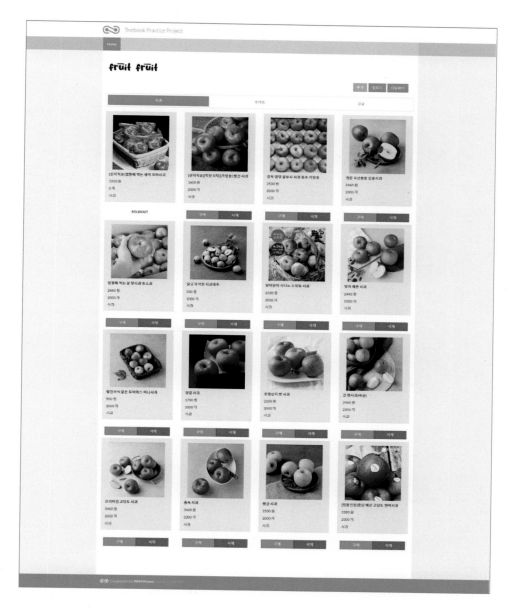

③ 데이터 모델 구성

- ▼ 🗐 Fruit On Hand
  - 123 ID
  - 🔟 Last modified
  - ✉ Filters
  - 12₣ Amount
  - 🏷 Category
  - 𝐴 Fruit Name
  - 📄 Picture
  - 123 Quantity
  - 123 Unit Price
- ▼ 🗐 Fruit Outbound
  - 123 ID
  - 🔟 Last modified
  - ✉ Filters
  - 📑 Ref_Fruit On Hand
  - 123 Amount
  - 123 Quantity
  - 🔟 Registry Date
- ▼ 🗀 Session
  - 12₣ Amount
  - 0₁ isSaled
  - 123 Quantity

④ 플로우 차트

▶ 판매 서브 플로우 차트 추가

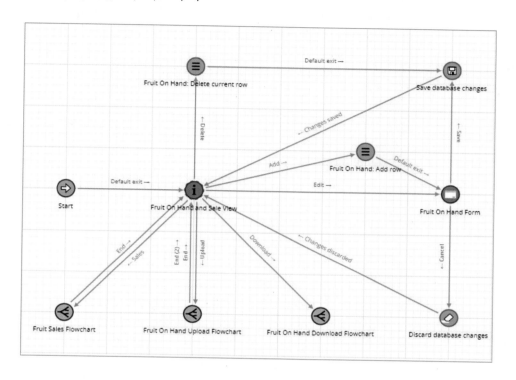

▶ 판매 서브 플로우 차트

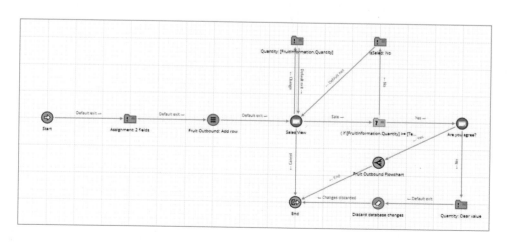

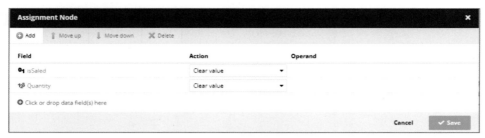

Assignment: 2 fields

Decision Node: Expression

▶ 출고 서브 플로우 차트

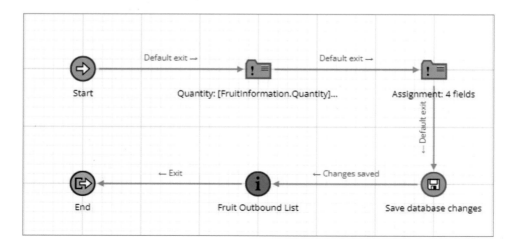

Assignment: 4 fields

(4) 일별, 월별 매출 집계 및 그래프 표출

① 개발내용

과일 판매의 일간 및 월간 매출 집계를 내고 그래프로 표출하는 프로그램을 고려해봅시다. 이전 예에서 만든 과일 카탈로그 목록에 매출 집계 및 그래프 생성 기능을 추가하고자 합니다. 매출 집계 및 그래프 생성의 목적은 판매 실적을 확인하고 재고를 관리하기 위함입니다.

이러한 관점에서 보면 일간 매출은 오늘 발생한 매출 건에서만 집계가 되어야 합니다. 과일 이름이 중복되어 매출이 발생한 경우에는 수량의 증액만 이루어져야 합니다. 또한 월간 매출은 월 단위로 매출이 집계되어야 합니다. 월간 매출 집계의 경우에는 과일 이름에 관계없이 월 단위의 매출을 관리합니다.

일간 판매 실적이 쌓여 월간 판매 실적으로 집계가 되어야 하지만, 현재 환경으로 어렵기 때문에 날짜를 임의로 조정하도록 합니다.

따라서, 개발 프로그램은 일간 및 월간 매출 집계 뷰와 그래프 플로우 차트 (Daily, Monthly Summary Sales View and Gragh Flowchart), 일간 매출 집계 액션 플로우 차트(Daily Sales Summary Action Flowchart), 월간 판매 집계 액션 플로우 차트(Monthly Sales Summary Action Flowchart), 임시 과일 출고 집계 일간(Temp Fruit Outbound Summary Daily) List, 임시 과일 출고 집계 월간(Temp Fruit Outbound

Summary Monthly) List로 구성됩니다. 위의 정보를 참조로 하여 프로그램을 구현해주시기를 바랍니다.

② 사용자 화면 구성

▶ 일간 및 월간 과일 판매 그래프

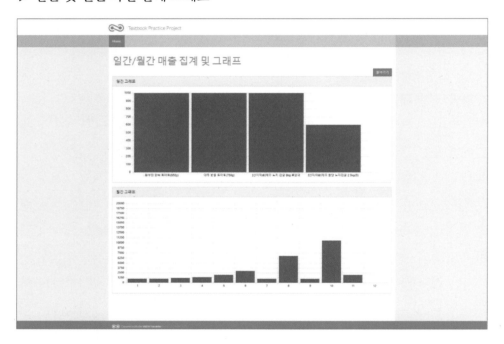

③ 데이터 모델 구성

▶ 일간 임시 출고 집계

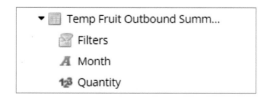

▶ 월간 임시 출고 집계

▾ 🗒 Temp Fruit Outbound Summ...
　　 📩 Filters
　　 𝐴 Month
　　 🔢 Quantity

④ 플로우 차트

▶ 과일 카탈로그 목록 플로우 차트에 매출 집계 플로우 차트 추가

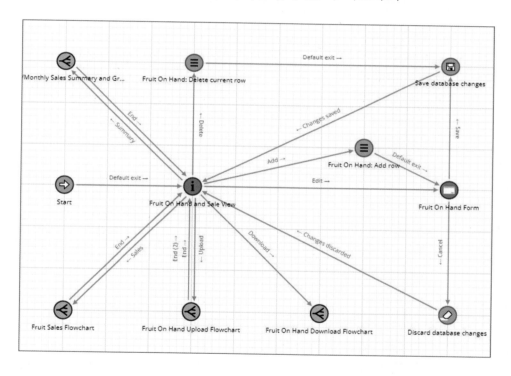

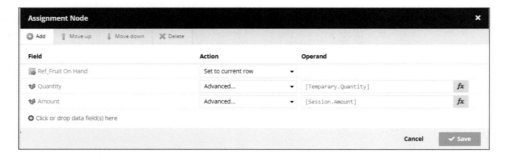

Fruit Outbound Flowchart Assignment Node 'Registry Date' 삭제

▶ 일간 및 월간 집계 플로우 차트

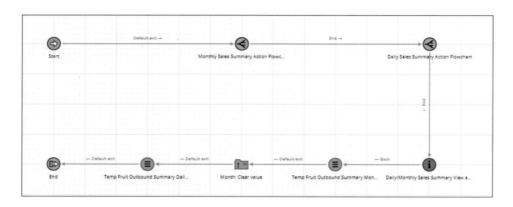

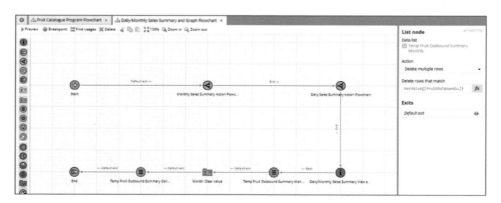

Temp Fruit Outbound Summary Monthly Delete

Temp Fruit Outbound Summary Daily Delete

▶ 일간 집계 액션 플로우 차트

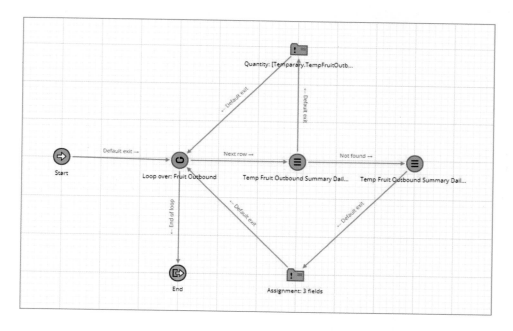

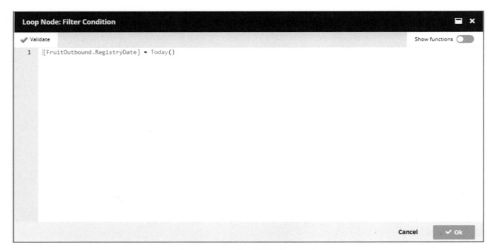

Loop over: Fruit Outbound

Temp Fruit Outbound Summary Daily Go to First Row

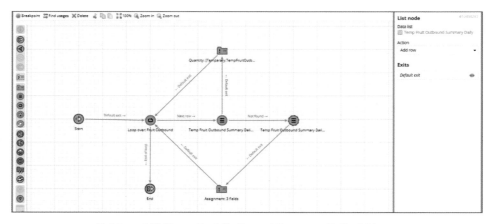

Not found 시, Temp Fruit Outbound Summary Daily Add row

Assignment: 3 fields

▶ 월간 집계 액션 플로우 차트

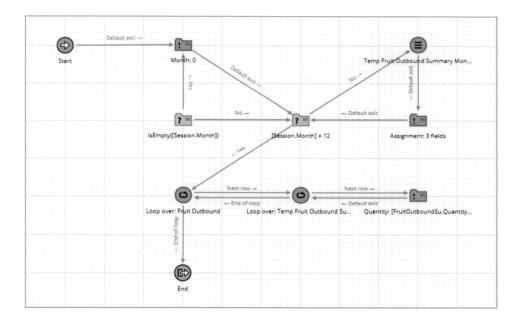

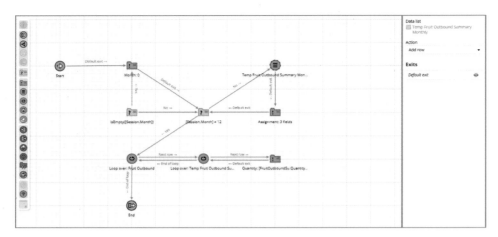

Session.Month = 12가 No일 경우, Temp Fruit Outbound Summary Monthly Add row

Assignment: 3 fields

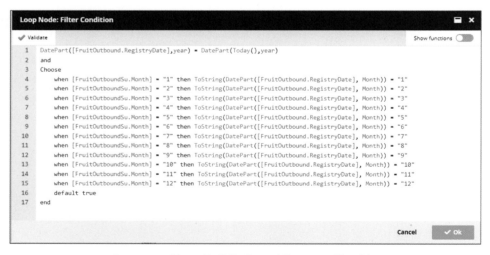

Loop over: Temp Fruit Outbound Summary Monthly

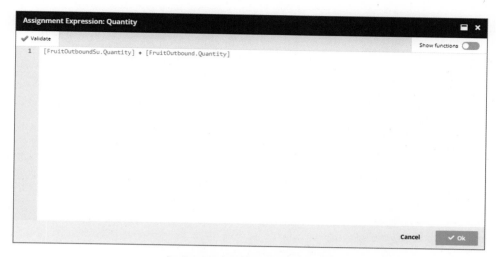

Assignment Expression: Quantity